Consejos a Cenicienta

Consejos a Cenicienta

Para ayudarle a superar la
fantasía del Príncipe Encantado

Suzanne E. Harrill

Grupo Editorial Tomo, S. A. de C. V.
Nicolás San Juan 1043
03100 México, D. F.

1a. edición, agosto 2002.
2a. edición, mayo 2004.

© 2004, Grupo Editorial Tomo, S.A. de C.V.
Nicolás San Juan 1043, Col. Del Valle
03100 México, D.F.
Tels. 5575-6615, 5575-8701 y 5575-0186
Fax. 5575-6695
http://www.grupotomo.com.mx
ISBN: 970-666-538-2
Miembro de la Cámara Nacional
de la Industria Editorial No 2961

Traducción: Graciela Frisbie
Diseño de Portada: Emigdio Guevara
Formación tipográfica: Luis Rutiaga
Supervisor de producción: Leonardo Figueroa

Impreso en México - *Printed in Mexico*

Dedico este libro a mi esposo,

Rodney A. Harrill

Agradezco que te hayas "quedado en la pista de baile" conmigo a través de los años para que yo pudiera transformar mi "Cenicienta interna". He crecido mucho desde que nuestro baile de la vida empezó en 1965 en mi baile de graduación de preparatoria. He tenido el honor de aprender contigo cómo bailar durante mucho tiempo, mediante una relación que se actualiza.

y

A nuestras tres maravillosas hijas:

Lindy M. Johnson
Janna M. Shuemake
Sara C. Harrill

Agradecimientos

Muchas personas ayudaron a lo largo de varios años para que este libro se hiciera realidad.

A las personas que me ayudaron en el proceso creativo:

Gracias Karin Bogliolo, Editora de Findhorn Press por creer en este libro.

Gracias a mi vieja amiga, Diane Langley, por estar ahí, por ayudarme desde el primer día y por editar las primeras versiones.

Gracias especialmente a Dianne Schilling por la edición profesional que le agregó sabor a *Consejos a Cenicienta.*

Gracias a Tony Mitton y a Pam Bochel por el acabado final. Dale Vermeer, la portada es bellísima.

Contenido

Introducción

Podemos descubrir mucho sobre nosotros mismos si examinamos nuestro cuento de hadas favorito. El mío es *La Cenicienta*.

Por muchos años, encontré consuelo en la mágica creencia, albergada por mi niña interior, de que cuando las circunstancias se volvieran demasiado difíciles, un apuesto príncipe me levantaría en sus brazos y me rescataría de mis problemas. Nutrí la fantasía de que encontraría a esa persona específica en el mundo que había sido creado sólo para mí, y que viviríamos juntos y felices el resto de nuestra vida. Al ser la pareja perfecta, disfrutaríamos una armonía instantánea, una relación justa, llena de confianza y de cariño; no habría conflictos y absolutamente ninguna desilusión. ¿Te parece familiar?

Bueno, no tengo que decirte que no resultó así. Como una mujer adulta, viviendo con mi príncipe, pronto comprendí que la vida no consistía en deleitarse en una cama llena de almohadas, soñar despierta a lo largo de interminables días sin preocupaciones, desafíos ni conflictos. A la larga descubrí que la única persona que tenía la responsabilidad de crear mi vida era yo, y que entregar todo el poder a mi compañero me dejaba en un camino lleno de desilusiones y frustración. Pero estos temas: la autoría de la vida y el poder personal, me han seguido desafiando. No es sorprendente que también sean temas importantes para muchos de mis clientes.

El simbolismo de los cuentos de hadas

El relato de la Cenicienta nutre la fantasía de muchas personas que sueñan con encontrar la pareja perfecta: un príncipe encantado. En forma simbólica, esta fantasía representa el deseo de integrar el ser interior con Dios o con lo divino que hay en uno mismo. Una forma de entender al ser interior en este contexto es ver que está formado por aspectos femeninos y masculinos. Cuanto menos se integren estos dos aspectos, menos nos entenderemos y más proyectaremos hacia otros nuestra necesidad de plenitud, como en un príncipe fantástico o un "caballero de brillante armadura".

Otra interpretación del relato de la Cenicienta afirma que este cuento de hadas de hecho se centra en la búsqueda de la "madre interior" de la heroína (y por extensión de la nuestra). Según esta interpretación, el padre de Cenicienta, antes de salir a un viaje muy largo, preguntó a cada una de sus tres hijas qué regalo querían que les trajera. Las dos hermanastras pidieron cosas materiales, pero Cenicienta pidió una rama de avellana. Cuando recibió la rama, la plantó en la tumba de su madre. Al paso de los años, las lágrimas de Cenicienta regaron la rama y se convirtió en un árbol de avellanas. Esto simboliza el proceso de curación por el que pasó Cenicienta al llorar por la hija huérfana que tenía en su interior y desarrollarse hasta tener una nueva vida. En un nivel muy profundo, esto representa el aprender a ser una madre para nosotros mismos. Muchos estamos pasando a través de este tipo de curación.

Catalizadores para sanar

El tema básico de *Consejos a Cenicienta* es que debemos sanarnos y superar nuestros conceptos erróneos sobre la vida y las relaciones que son el resultado del condicionamiento de la primera infancia.

A lo largo de este libro, recuerdo al lector que las relaciones nos enseñan algo sobre nosotros mismos, y que los sucesos y condiciones de esas relaciones reflejan lo que, consciente o inconscientemente tenemos en nuestro interior. Vivimos a partir de nuestro nivel de conciencia presente y sólo podremos atraer a un compañero que tenga un nivel de conciencia parecido al nuestro y que necesite aprender lecciones similares.

A través de las relaciones, tenemos la oportunidad de sanar el pasado, de alcanzar dominio personal, de expresar nuestro propósito en la vida, que es personal y único, y de crecer hacia la iluminación. Este proceso puede llevarnos más allá del mero contento y felicidad, y transportarnos a un lugar de gozo y beatitud.

Solicitar ayuda

A menudo se pasa por alto una característica importante del relato de Cenicienta: Ella pudo ponerse en contacto con un ser espiritual que la amaba y ayudaba y, cuando era necesario, producía magia. *Consejos a Cenicienta* ilustra la importancia de la relación espiritual que Cenicienta tenía con su ángel asistente, y enfatiza que esta fuente de ayuda está al alcance de todos nosotros. No estamos solos; los asistentes espirituales —los ángeles, guías internos y maestros en planos más amplios de la existencia— están listos para ayudarnos cuando nos desviamos demasiado y gritamos pidiendo ayuda.

En el cuento de hadas, Cenicienta usa los poderes del Hada Madrina para encontrar un esposo que la adora y que está dispuesto a ofrecerle seguridad

y prosperidad. En *Consejos a Cenicienta* surgen otras necesidades de Cenicienta. Bajo la tutela del Hada Madrina, conoce la verdadera oportunidad que ofrece una relación amorosa, es decir, la oportunidad de conocer y amar a su verdadero ser. Una vez que reconoce que no es una víctima de la vida, Cenicienta aprende a crear de manera consciente lo que quiere experimentar. Despierta a los misterios más profundos de la vida, empieza a comprender por qué nació y cómo va a realizar su propósito en la vida.

El juego del espejo

En una relación, las parejas tienen patrones recíprocos que las conectan. Cuando dos personas se conocen, ocurre un proceso de compromiso para determinar si esas dos personas tienen algo en común que vale la pena explorar. Cada persona es como una esfera de energía de la que brotan rayos. Las esperas rotan, buscando "puntos de acoplamiento" mutuos. Cuando se encuentra uno, se abre un puente entre ellas y ambas sienten una atracción o "química". Esto ocurre en relaciones íntimas y también en las que no lo son. Cuando dos personas no tienen nada en común, pasan una junto a la otra y actúan como si la otra persona no existiera. No hay atractivo. Si una persona está en tu mundo, ten la seguridad de que ambas comparten al menos un punto de desarrollo, tal vez varios.

Llegamos a conocernos cuando estudiamos nuestro reflejo en los espejos que nos proporcionan los demás. Las características que reconocemos en ellos, y a las que respondemos, reflejan un aspecto existente o potencial de nosotros mismos, aunque a menudo no estemos conscientes de ellos. Las cualidades o los comportamientos que nos agradan y nos desagradan en otros son una especie de retroalimentación respecto a nuestra constitución psicológica. Con el fin de crecer y evolucionar, seleccionamos aquellos aspectos de nuestra personalidad que queremos conservar (por ejemplo, una mente abierta, curiosidad, amor) y eliminamos los que ya no queremos (por ejemplo, los prejuicios, el miedo, juzgar a los demás). Ver las características de otros nos permite hacer estas elecciones.

Proyectamos hacia otros lo que no aceptamos en nosotros mismos. Esta proyección es un mecanismo de defensa con el que nos protegemos de nosotros mismos cuando nos es demasiado doloroso tener ciertas características, emociones, comportamientos o creencias. Las relaciones cercanas son el terreno perfecto para sanar esas proyecciones.

Una vez que se abre la puerta de la conciencia y dejamos de negar lo que existe en nuestro interior, podemos empezar a transformar nuestro aspecto sombrío e inconsciente. Entonces estamos listos para llevar una vida más madura y experimentar relaciones amorosas más maduras.

La proyección es un importante concepto psicológico que necesitamos entender si queremos tener acceso a la parte oculta de nuestro ser. Es más fácil ver en otros que en nosotros mismos, las características y los hábitos que juzgamos, evitamos y criticamos. Es muy difícil verlos en nosotros mismos. Para empezar a sanar, entendemos que lo que vemos en otros también debe estar presente en nosotros. Podemos agradecer a nuestros compañeros por reflejar los aspectos desconocidos de nosotros mismos que nos rehusamos a encarar directamente.

Las proyecciones no tienen que ser negativas. Tampoco reconocemos cualidades como el poder, la capacidad para producir dinero, la habilidad para educar y ciertas emociones. En ocasiones reaccionamos a características opuestas en otros, pero negamos tener algo que ver con ese patrón de comportamiento. Por ejemplo una persona limpia, ordenada y organizada acaba con un compañero desordenado y desorganizado. Al tratar temas como la limpieza y el orden, ambos dramatizan los extremos. Para empezar a trabajar de manera consciente en esta situación hay que buscar un justo medio. Por ejemplo, la persona que es muy ordenada empieza a mitigar su propio comportamiento extremo. A la larga, como respuesta, su compañero también avanzará hacia un justo medio.

Cuando vivimos con alguien, enfrentamos un proceso para sanar y equilibrar nuestro pasado, incluyendo los momentos en que se nos lastimó, las deficiencias de nuestros padres y nuestras actitudes y sentimientos hacia quienes cuidaban de nosotros. Nuestro compañero refleja todo tipo de tareas incompletas que provienen de nuestra infancia, de relaciones anteriores, de las pautas de nuestras creencias y de sentimientos que no hemos procesado.

Cuando surgen situaciones con nuestro compañero, tenemos la oportunidad de ser más conscientes de influencias muy profundas y de vivir nuestra vida con mayor madurez. En muchas ocasiones nuestras acciones del presente se basan en experiencias del pasado. Si estamos atorados en el pasado y dependemos de las percepciones de nuestro niño interno herido, es posible que las personas que son parte de nuestra vida actual provoquen respuestas negativas.

Al crecer y sanar, aprendemos a corregir las percepciones erróneas del niño interno para vivir conscientemente, para integrar el pasado con las experiencias presentes y para llegar al punto de vivir con una comprensión clara de la realidad. Este estado se caracteriza por la capacidad para resolver problemas, tomar decisiones prudentes, desarrollar relaciones de mutuo apoyo, comunicarnos con claridad y efectividad, vivir con integridad y autenticidad y desarrollarnos continuamente en el proceso de hacer que nuestro potencial se convierta en una realidad.

El amor a nosotros mismos

La autoestima es otro factor importante en el crecimiento espiritual y en el proceso de sanar internamente; es un factor que muy a menudo se descuida. Si no nos amamos ni nos nutrimos, caemos en la necesidad, esperando que otro nos llene. Pero la vida no funciona así. La medida en que nos amemos determina nuestra capacidad para reconocer el amor en otros. Sólo podemos dar y recibir amor basándonos en la forma en que nos amemos y nos nutramos a nosotros mismos.

Para crear buenas relaciones debemos empezar conociéndonos, aceptándonos y amándonos. Cuanto más aprendamos a amarnos y perdonarnos, más se convertirá el amor en parte de nuestras relaciones.

Amarnos a nosotros mismos implica ver nuestro aspecto negativo al igual que nuestro aspecto agradable. Tuve una clienta que pasó dos años en terapia después de un matrimonio negativo. En cuanto terminó con esa relación se dio cuenta de que ya no podía culpar al que antes era su marido por sus aspectos negativos. Se vio obligada a reconocer como suyas las actitudes de control y enojo que mostraba.

Como estaba dispuesta a ver a mayor profundidad, pudo sanar algunas de las situaciones que hacían que se sintiera atraída inconscientemente al tipo de hombre que rechazaba a nivel consciente.

Descubrió cuánto se parecía a su padre, un hombre que se había proyectado como el "villano" en su familia, y al que nadie de la familia quería. Al paso del tiempo, esta clienta llegó a estar en paz con sus características de control y enojo, perdonó a su padre y dejó de sentirse atraída hacia hombres con esas mismas características. Ya no deseaba conscientemente a un compañero en quien proyectar sus propias características inaceptables. Ahora está aprendiendo a amarse y nutrirse a sí misma, y espera, en el futuro, atraer a un hombre que la ame y la cuide.

La comunicación es un aspecto vital

Las reglas y estrategias básicas de la comunicación también mejoran la compatibilidad con la pareja, y están entre las lecciones que Cenicienta y el Príncipe deben aprender en el relato. Incluyen:

- Una mente abierta. Necesitamos tener presente que siempre hay otros puntos de vista además del nuestro. El punto de vista de nuestra pareja es perfectamente lógico para ella.
- Empatía. El ponernos en el lugar de nuestra pareja, nos ayudará a comprender por qué elige lo que elige.
- Escuchar. La mayoría de las personas necesitan mejorar en esta área. Cuando algo de lo

que dice nuestro compañero nos impacta, dejamos de escuchar y la mente se cierra mientras esperamos el momento de expresar nuestros pensamientos y sentimientos reactivos. Estando un tiempo a solas, a menudo podremos entender la naturaleza del tema que nos impactó para que cuando se presente de nuevo podamos escuchar.

- Arriesgarse. Algunos necesitamos aprender el arte de la confrontación amorosa y la destreza para afirmar nuestra verdad ante nuestra pareja.

Cómo unir la piezas del rompecabezas

Aportamos a nuestra relación el grado de plenitud que hayamos alcanzado. No se puede lograr una relación plena mediante la unión de personas fracturadas. Al desarrollar nuestra plenitud interna, desarrollamos el potencial de nuestra relación.

Necesitamos corregir nuestras propias inseguridades (todo el mundo las tiene) y no sentir que llenar esos vacíos es responsabilidad de nuestra pareja. En ocasiones podrá proporcionarnos exactamente lo que necesitamos, y eso puede hacer que cierta inseguridad parezca no existir. Sin embargo, cuando nuestra pareja no puede responder a esa necesidad, debemos enfrentarnos a ese vacío y sanarlo.

Hay un gran número de técnicas terapéuticas que son útiles, ya que nos ayudan a sanar. Por ejemplo: trabajar con el niño interno, visualizaciones, afirmaciones y escribir un diario. Sin embargo, hay algo más importante que estas técnicas y es tener la disposición de elevarnos a un nivel espiritual y experimentar el amor y el cuidado de una Fuente superior. La meditación es un buen punto para empezar.

Cómo medir nuestro progreso

Los asuntos inconclusos de la infancia siempre surgen en las relaciones adultas. Sin darnos cuenta, adoptamos las pautas de pensamiento y comportamiento de nuestros padres, al igual que sus normas sociales y culturales. Es importante que nos veamos como parte de una familia y de un sistema cultural, y que comprendamos que las mejoras que logremos se construyen sobre los cimientos de nuestro condicionamiento dentro del sistema. A menudo mis clientes se impacientan con el largo proceso que se requiere para crear una buena relación. Se asignan metas altas en lo que se refiere a su relación y se desilusionan cuando no dan la medida. A menudo les pido que recuerden el punto en que empezaron y les pido que midan su progreso, en lugar de medir la distancia que existe entre su realidad presente y su meta final. Les ayudo a tener una actitud de amor y aceptación respecto a sí mismos y respecto al proceso. Las metas son positivas porque nos dan dirección; pero no debemos permitir que suplanten a la experiencia del presente.

Como terapeuta, a menudo veo que se repite este patrón. Un miembro de la pareja, por lo general la mujer, siente dolor y separación a medida que la relación "pierde su encanto". Ella es el catalizador para crear una unión genuina y auténtica. Ya sea que inicie o no algún tipo de consultoría, empieza a buscar y a descubrir el camino para sanar y recuperar la intimidad. Bajo circunstancias ideales, causa un impacto en su pareja y él también lleva a cabo el trabajo de transformación que se necesita para lograr una relación llena de comprensión.

Aprendamos sobre nosotros mismos observando a Cenicienta diez años después de su matrimonio, al que el cuento se refiere con estas palabras: "y vivieron felices para siempre". Al experimentar la desilusión y padecer el dolor de la infelicidad y la falta de plenitud, Cenicienta entra en una crisis que la lanza a una travesía interna. Iniciamos nuestro relato con Cenicienta en un jardín detrás de palacio.

Capítulo 1

Diez años después de... y vivieron felices

Cenicienta tembló y apretó el chal alrededor de sus hombros. El cielo de abril era azul, pero el frío del verde jardín era entumecedor a pesar de la protección de los enormes muros de piedra. Normalmente trabajar en el jardín, quitando las malas hierbas y podando arbustos le habría dado algo de calor, pero hoy estaba demasiado preocupada para notar los nuevos brotes de eneldo y mucho menos percibir su aroma.

Cenicienta tenía 29 años. Ella y el Príncipe Encantado acababan de celebrar el décimo aniversario de su matrimonio, aunque no muy felizmente.

Su romance de cuento de hadas se había desenvuelto bastante bien durante sus primeros años de matrimonio. Al principio, la atención de Cenicienta se había centrado en mudarse al palacio. Poco después se dedicó a adaptarse a sus deberes, a sus responsabilidades y a un estándar de vida más alto, y poco después, a tener una familia y educarla.

Pero las obligaciones, incluso las de la realeza, no son una distracción que dure para siempre; y por alguna razón, Cenicienta había elegido este día para enfrentarse a la realidad y cuestionar los motivos que tuvo para casarse con el príncipe.

"¿*Esto* es vivir felices para siempre?", se preguntaba. "Todos parecen pensar que lo es; lo he escuchado muchas veces. Mis hermanastras y mi madrastra me lo recuerdan prácticamente cada vez que nos encontramos".

"Nadie lo entendería", dijo Cenicienta en voz alta, caminando de un lado a otro. "¿Qué posible excusa tengo para no ser feliz? Tengo un excelente estilo de vida en un lujoso castillo. Mis elegantes trajes reflejan la belleza de los arqueados techos del palacio, y tengo al menos trescientos pares de zapatillas de cristal. Lo más importante es que tengo dos hijos maravillosos y me fascina ser madre. Pero a pesar de todo, me siento muy sola, especialmente después de estar cerca del Príncipe. Él siempre parece estar tan feliz, dirigiendo el reino y preparándose para el día en que será rey".

Cenicienta se lamentó desesperada: "¡Yo no tengo este tipo de entusiasmo respecto a mi vida! Por el contrario, me siento tan estéril como un campo después de la cosecha, tan vacía como un estanque en una sequía. El príncipe ya no me emociona, y parece que yo tampoco le causo emoción alguna. Es obvio que no es mi alma gemela, como lo creí hace diez años, y ciertamente no 'vivimos felices para siempre'", suspiró. "¿Qué pasa? ¿Por qué me siento tan mal? ¿Qué he hecho para merecer esto? ¡Necesito ayuda!"

Cenicienta se detuvo de pronto y miró a su alrededor para ver si alguien había sido testigo de su frustrado arranque emocional. Por fortuna, estaba sola.

Se alejó un poco más entrando al floreciente jardín, pasó por los setos de prímulas, tulipanes, azucenas amarillas y clavelinas. Se sentía más segura expresando sus preocupaciones donde sólo los árboles, las flores y los animales pudieran escucharla.

"Algo parece diferente hoy", pensó Cenicienta, volviéndose lentamente, ya que todavía dudaba de estar sola.

Esperaba ver a Gosford, el jardinero, o a uno de sus hijos, y se sorprendió al toparse con su regordeta y traviesa Hada Madrina que estaba de pie rodeada por un enrejado cubierto de rosas observándola en silencio.

"Mi querida Cenicienta", dijo el Hada Madrina, extendiendo sus brazos afectuosamente.

Con un grito de asombro y felicidad, Cenicienta corrió entre los setos para abrazar a su guardiana celestial, su abrazo se prolongó durante unos minutos, rodeadas por la nube de pétalos color de rosa que caían sobre ellas.

"¿Dónde has estado todos estos años?", gritó Cenicienta, dando un paso atrás.

"Bueno, en realidad querida, no he estado aquí 'en la tierra'. En ocasiones te visité en tus sueños durante la noche y he estado tratando de trabajar contigo desde una dimensión menos mundana. No habías necesitado que me apareciera en persona, o como *hada*, hasta ahora".

El Hada Madrina dio un paso atrás y miró a Cenicienta con cuidado. "No habría venido si no lo hubieras pedido conscientemente, o puedo decir, si no hubieras *gritado* pidiendo ayuda. Tal vez la gente del castillo no te escuchó, pero yo ciertamente lo hice".

Cenicienta miró al cielo suspirando profundamente. "Me parece que has llegado a un punto crítico en tu vida. Hasta ahora, habías resuelto las cosas bastante bien por ti misma, y has aprendido a ser una buena madre. ¿Qué edad tienen tus hijos?"

"Marco va a cumplir ocho años dentro de dos meses y Mandy acaba de cumplir cinco", respondió Cenicienta. "Pero ellos no son la causa de mis problemas".

"Ah, lo sé perfectamente", respondió el Hada Madrina. "Tampoco lo es el hecho de ser princesa. En mi opinión manejas las responsabilidades reales de dirigir un castillo como una profesional. Y hasta ahora, has tenido una relación digna de un cuento de hadas con el Príncipe, perdonando la broma. Pero últimamente te has estado cuestionando mucho. Y no has estado escuchando mis consejos, de modo que aquí me tienes", sonrió el Hada Madrina con cordialidad.

"¿Cuánto tiempo puedes quedarte?", preguntó Cenicienta, saliendo del seto, caminando hacia el sendero de grava y llevando de la mano a su Hada Madrina. "¿Puedes contestar mis preguntas antes de irte? ¿Tendré que esperar otros diez años para volverte a ver?"

"Espera un momento, espera un momento", rió el Hada Madrina, limpiando el lodo de sus botas. "A este paso acabaré agotada. Podemos hablar tanto como lo necesites y trataré de ayudarte a comprender tus dilemas y de responder a muchas de tus preguntas. Seguiré visitándote hasta que la situación esté bajo control".

"¿Dónde empezamos?", preguntó Cenicienta con alivio. "Tengo *tantas* preguntas, necesito *tanta* ayuda, soy *taaan* desdichada".

"Por qué no empezamos hablando de las almas gemelas", dijo el Hada.

Cenicienta sonrió, "En realidad me has estado escuchando".

"Sí, has hecho casi imposible que tome una siesta", bromeó el Hada. Luego respiró profundamente irguiéndose tanto como se lo permitía su altura de un metro y veinte centímetros, y dijo: "Necesitamos responder a tu pregunta respecto a si el Príncipe Encantado es en realidad tu alma gemela. La infelicidad te ha provocado muchas dudas, y te has sentido alejada de tu matrimonio. También tenemos que hablar del amor romántico y de su propósito en una relación".

Cenicienta abrió la boca sin decir nada. Estaba asombrada por la capacidad de percepción de su guardiana.

"Ante todo", continuó el Hada, "creo que deberías entender que *alma gemela* es una frase que los humanos inventaron para explicar su deseo de despertar sentimientos de plenitud dentro de sí; y como se identifican ante todo con el mundo físico..." declaró con un movimiento amplio de su mano que pretendía abarcar todos los terrenos del castillo, "tienden a olvidar el aspecto espiritual de su naturaleza. Cuando no pueden encontrar plenitud en sí mismos, la buscan en otro: en un esposo, un amante o hasta en un hijo. Lo que, por cierto, disminuye su poder personal".

Lo único que Cenicienta pudo decir fue: "Es cierto".

"Sentirse en plenitud por la presencia de la pareja es maravilloso y emocionante, pero si esperas que suceda *siempre*, sufrirás una desilusión. Nadie, ni siquiera el príncipe, puede hacerte sentir plena y satisfecha en forma permanente. Es una ilusión pensar que él puede ser responsable de tu bienestar emocional. Para ser verdaderamente feliz, debes encontrar la plenitud y la seguridad emocional en tu interior".

Al ver la mirada de asombro de Cenicienta, añadió: "Además, la mayoría de los humanos tienen esta misma dificultad. Al carecer de una conciencia personal completa, no tienen la plenitud necesaria para dar a otro lo que necesita. Por eso es absurdo que pongas toda esa responsabilidad en manos del príncipe. No es posible que responda a todas tus necesidades emocionales. ¡Ni siquiera está respondiendo a las suyas!"

"No sé si te estoy entendiendo", dijo Cenicienta. "Y además, hay momentos en que el Príncipe y yo somos muy felices. Sólo quisiera que nos sintiéramos así con más frecuencia".

"Muy bien", dijo el Hada Madrina. "Analicemos tu situación tal como es en este momento. Tu desdicha crece día tras día pero el Príncipe parece estar bastante bien. Está ocupado y ya no te necesita tanto. ¿Es eso lo que percibes?"

Cenicienta asintió lentamente y se sentó en una de las bancas de piedra que estaban a lo largo del sendero. Sus ojos se humedecieron un poco como respuesta a la franca declaración del Hada Madrina.

"¿No es también cierto que sientes que tu vida ya no es interesante ni satisfactoria porque el

Príncipe no te presta la atención que te prestaba antes?" La princesa asintió de nuevo y el Hada siguió adelante: "Francamente, creo que te gustaría regresar al baile de gala. Fue desesperado y aterrador en cierta forma, pero vaya que fue glamoroso. Tú y el Príncipe estaban en un pedestal y su relación, si quieres darle ese nombre, vibraba con la energía de la ilusión y el romance. Ahora ya no eres el centro de cada minuto de la vida del Príncipe y supones que por esa razón no es tu alma gemela. ¿Tengo razón?"

"Sí, sí, en todo lo que has dicho hasta este momento", respondió Cenicienta sintiéndose bastante mal. "Sé que parece egoísta, pero estoy muy triste y no sé qué hacer; no entiendo qué tratas de decirme respecto a la plenitud. ¿No te parezco plena?"

"No te puedo contradecir en ese punto", sonrió el Hada. "Lo que estoy tratando de decir es que te concentras demasiado en el Príncipe como la fuente de tu felicidad. Pero el Príncipe está en tu exterior y tu felicidad está en tu *interior*. Sé que esta es una idea totalmente nueva; se requerirá tiempo para que te eduques de nuevo y captes lo que tengo que enseñarte. No puedes hacerla tuya en la misma forma en que te pones un vestido o un par de zapatillas de cristal. Debes comprender estas ideas y hacerlas tuyas".

"¡Pero eso podría tardar toda la vida! No quiero que me lleve demasiado tiempo. ¡Sólo dame algo que acabe con esta sensación tensa en mi estómago!

¿No puedes simplemente agitar tu varita mágica, decir *abracadabra* o algo así?", imploró Cenicienta.

"No, mi querida Cenicienta. Las leyes de este universo nos dicen con toda claridad que tú estás a cargo de tu nivel personal de conciencia. Posees libre albedrío para elegir la velocidad de tu propio crecimiento. Nadie puede hacerlo por ti, ni siquiera yo. Sin embargo, me tomaré el tiempo necesario para ayudarte a comprenderte y a corregir tus percepciones erróneas respecto a las relaciones. Lo que sientes en el estómago desaparecerá con el tiempo", prometió el Hada Madrina con autoridad.

"En primer lugar debes entender la influencia de tu familia de origen, la familia en donde creciste. En segundo, necesitas dolerte por la pérdida de tu madre. En tercero, debes pasar a través del trauma emocional de haber sido dañada y explotada por tu madrastra y hermanastras y llegar a perdonarlas. Yo te ayudaré con eso", explicó el Hada, sentándose en la banca junto a Cenicienta y estrechando su mano. "Y eso es sólo el principio, sólo el principio".

Cenicienta apretó la mano de su madrina con cariño, mientras sus ojos se dirigieron al reloj de sol que estaba en el centro del jardín. La profunda sombra proyectada por su gnomon de cobre captó su atención. "Por Dios", gritó, apartando su mano y poniéndose de pie de un salto. "Casi es hora de la cena de los niños. Tengo que estar con ellos, especialmente cuando el Príncipe está de viaje. Hemos estado platicando con tanta intensidad que olvidé por completo mis acciones habituales".

El Hada Madrina ya estaba de pie, arreglando su enorme traje como preparándose para una salida apresurada. Confundida, Cenicienta la detuvo. "Lo siento, lo que quiero decir es que *casi* es hora de la cena. No tengo que entrar *en este momento*. Por favor, quédate un poquito más".

"No; tuvimos un buen inicio y ya tengo que irme", respondió el Hada, "pero tengo algo que quiero dejarte". Buscó en su bolsa y sacó un hermoso libro con cubierta de arco iris. "Es para ti".

"Es hermoso", exclamó Cenicienta, abriéndolo, "pero las páginas están en blanco. No entiendo".

"Es tu diario, Cenicienta".

"¿Diario?", preguntó.

"Sí. Quiero que cada día escribas tus pensamientos y sentimientos respecto a las ideas de que hablamos. Necesitas una forma de manejar y darle sentido a todo lo que llegue a la superficie de tu conciencia. En este momento tus pensamientos y sentimientos están moviéndose en tu interior y no tienes manera de comprenderlos ni digerirlos. Las experiencias, como los alimentos, deben digerirse y asimilarse. Las experiencias felices y divertidas se asimilan con facilidad, pero las dolorosas, muchas de las cuales están justo bajo tu nivel de conciencia, necesitan traerse al frente y procesarse.

Hablar conmigo es una manera de procesar los sucesos emotivos. Escribir en tu diario es otra."

"Tienes razón, hay un caldero hirviendo dentro de mi", rió Cenicienta. "Prácticamente tengo un estofado de sentimientos en mi interior. Se vuelve más y más espeso y no sé qué hacer con él. Estoy dispuesta a intentar lo que sea".

El Hada Madrina estaba complacida. "Esta noche, cuando los niños se hayan acostado, simplemente saca tu libro y escribe lo que llegue a la superficie".

"Ah, los niños. Tengo que irme".

"Nos vemos mañana a la misma hora, Cenicienta".

"Claro", dijo Cenicienta mirando sobre su hombro mientras entraba a la sala.

Puntos a reflexionar sobre el Capítulo 1

1. La comprensión espiritual, el asesoramiento, el amor y la educación están al alcance de todos.

   Para iniciar el proceso y abrir la puerta a una nueva forma de vida, lo único que tienes que hacer es pedirlo. Siempre encontrarás ayuda, aunque los horarios no siempre estén de acuerdo con las necesidades que percibes tener. Por ejemplo, supongamos que tienes un problema y empiezas a hacer preguntas. Luego lees un artículo en una revista, tomas un libro de autoayuda en una librería o ves un programa de televisión que examina un problema similar. Tal vez un amigo te recomiende un taller o a un terapeuta. Empiezas a encontrar respuestas. Tal vez experimentes algún suceso o circunstancia sincrónico que en ese momento no tiene sentido, pero te guía a un nuevo camino. Tal vez te topes con una antigua amistad que no has visto por años y te des cuenta de que el camino que ella sigue responde a tus necesidades a la perfección.

   Se te está guiando y dirigiendo porque te abriste a una mayor conciencia al pedir ayuda.

2. Cuando estás en una crisis emocional o espiritual y pides ayuda, siempre recibirás una respuesta a nivel espiritual.

   Podrías tener una visión o recibir un mensaje silencioso durante la meditación o en tus sueños durante la noche. O tal vez los consejos y el amor no vengan del mundo físico, como a través de un ángel guardián o un guía espiritual.

3. No debes creer que si no estás "locamente enamorada", no estás con la pareja adecuada.

   Muchas personas se aferran a este concepto erróneo incluso cuando al principio pensaron que su pareja era la pareja perfecta.

4. Tu felicidad no depende de ser el centro de la vida de tu pareja, como lo eras al principio de la relación.

   Cuando el enamoramiento se desvanece, tiendes a creer que ya no estás enamorada y que debes alejarte de tu pareja. Pero la verdadera felicidad y plenitud son el resultado de un fuerte crecimiento *interior*, nunca brotan de la pareja.

5. Se requiere tiempo y dedicación para sanar las heridas emocionales del pasado y crecer hacia la plenitud.

   Hasta que no aprendas a encontrar seguridad y plenitud emocional dentro de ti, creerás erróneamente que pueden venir de una pareja. Para hacer realidad la frase "y vivieron felices para siempre", debes comprenderte y saber cómo responder a tus propias necesidades. Se requiere una búsqueda más profunda para responder preguntas como: "¿Quién soy?" y "¿Cuáles son mis necesidades?"

6. Una relación necesita atención para durar más allá del enamoramiento.

   No existen recetas rápidas para resolver los problemas de una relación. El sanar lleva tiempo. Un amor maduro se construye con un alto nivel de conciencia.

Preguntas para el Diario

Te sugiero que encuentres tu propio "jardín detrás del castillo"; un lugar tranquilo donde puedas estar sola durante periodos cortos. Compra un cuaderno o un "libro con páginas en blanco" y úsalo para responder las mismas peguntas que responde Cenicienta.

Empieza a trazar un "plano" de ti misma. Tal vez con el tiempo llegue a serte útil para contestar las mismas preguntas en otro momento. Al ir teniendo más información y comprensión, tus respuestas cambiarán y evolucionarán. En ocasiones, pensarás en otras preguntas que son relevantes. Escríbelas y contéstalas.

No te sorprendas si al principio se te escapan las respuestas a algunas preguntas. Algunas no te llegarán con facilidad. Es normal experimentar frustración al principio de un proceso de curación. Se necesita tiempo para llegar a ser una experta al examinar la propia vida. Tal vez un amigo cercano o un consejero te puedan ayudar a empezar.

Contesta las siguientes preguntas para estimular un conocimiento más profundo de ti misma. Si tienes un diario, escribe en él tus respuestas. Si no lo tienes, empieza uno.

1. ¿Bajo qué circunstancias te descarrilas y empiezas a querer que otra persona te llene emocionalmente para que puedas sentirte plena y feliz? ¿Qué otra cosa puedes hacer para responder a tus propias necesidades?
2. Describe tus creencias respecto a la confianza y a la guía espiritual. ¿Dónde adquiriste estas ideas? ¿Necesitas actualizar algunas de ellas? ¿Qué te ha enseñado la experiencia?
3. ¿Estás consciente de tus ayudantes espirituales? ¿Estás abierta a recibir ayuda espiritual? ¿En qué necesitas ayuda especial en este momento?
4. ¿Tienes rituales o hábitos que te permitan un momento de quietud para estudiar, escribir en tu diario o meditar, y así entrar en contacto con tu ser espiritual? ¿Cómo puedes preparar el escenario para recibir guía espiritual?

5. Escribe los pensamientos, sentimientos y reacciones que tuviste en relación a los temas que se trataron en el jardín.

Capítulo 2

El pasado influye en el presente

Cenicienta y el Hada Madrina continuaron su conversación en el jardín al día siguiente por la tarde. El sol brillaba en el firmamento y no había nubes, así que Cenicienta extendió su chal sobre el césped y se recostó sobre él para recibir el calor de los rayos del sol. El tema de la conversación fue su familia de origen y el impacto que tenía en sus relaciones presentes. El Hada Madrina le explicó que posiblemente todavía le afectaban la pérdida de su madre y los malos tratos de su madrastra.

"No puedo creer que necesite sentir pesar por la muerte de mi madre. Murió hace muchos años. Anoche pasé mucho tiempo escribiendo sobre eso en mi diario. ¿Cómo es posible que su muerte me afecte ahora y que tenga algo que ver con mi relación con el Príncipe?", preguntó Cenicienta.

"Son buenas preguntas", respondió el Hada. "La respuesta es simplemente que la gente sigue un proceso natural para aceptar la muerte de un ser querido. El proceso no varía mucho de persona a persona, y todos, incluso tú, necesitan pasar a través de él. Si no pasas a través de él, la pérdida no se resuelve en tu mente y en tu corazón. Surge con diversos disfraces y puede causarte muchos problemas. Por ejemplo, tal vez has desarrollado sentimientos ocultos de inseguridad o miedo de ser abandonada. Esos sentimientos te hacen reaccionar en cierta forma cuando el Príncipe Encantado no es tan encantador como quisieras. Es posible que tus respuestas emocionales y tu conducta estén muy fuera de proporción respecto a las situaciones que las provocan".

"Si te refieres a que actúo con exageración", dijo Cenicienta, "tienes razón. A veces actúo precipitadamente, hago todo tipo de acusaciones y necesito mucha seguridad, pero luego me siento avergonzada".

"Bueno, tal vez te consuele saber que lo haces por una buena razón", explicó el Hada, ajustando sus gafas de armazón de alambre sobre su pequeña nariz. "Recuerda que eras muy pequeña cuando murió tu madre. Eras casi una bebé, así que a nadie le pareció importante hablar contigo sobre tus sentimientos. Nadie te consolaba cuando te sentías triste y sola; nadie te animaba a llorar. Nadie te abrazó ni te meció cuando tenías miedo o cuando una pesadilla te asustaba. Cuando sentías enojo contra tu madre por haberte dejado, nadie estuvo ahí para escucharte y entenderte. Tu padre hizo todo lo que pudo, pero era un hombre muy pasivo. No hablaba sobre sentimientos y no era muy afectuoso, aunque te amaba mucho... de hecho, te amaba más que a nadie en su vida. La razón de que se volviera a casar tan pronto fue crear una mejor situación para ti. Tu padre fue muy ingenuo e inconsciente cuando se casó con tu madrastra".

Cenicienta puso sus brazos alrededor de sus rodillas y miró hacia el sol, su atención centrada en el Hada Madrina. Sentía como si la anciana estuviera seleccionando instantáneas de lo profundo de su memoria, para iluminar los sucesos y situaciones que se presentaron después del segundo matrimonio de su padre y que Cenicienta prácticamente había olvidado.

El Hada Madrina continuó: "Supongo que nunca antes te habías percatado de que tu madrastra te maltrataba. Nunca te golpeó, pero ciertamente abusó de su poder como la persona adulta que se encargaba de ti cuando tu padre salía de viaje. Te castigaba negándote el alimento y haciéndote trabajar demasiado. Eso es abuso físico. Trataba de humillarte y lastimar tus sentimientos en cada oportunidad: lo que obviamente es abuso psicológico. Y no te proporcionaba ningún cuidado. Tú eres una persona muy inteligente y cariñosa y estoy segura de que tu madrastra no te causó un daño permanente, pero sí recibiste heridas emocionales. Tu relación intuitiva con los animales y tu capacidad para meditar protegieron tu espíritu e hicieron posible que ignoraras las condiciones difíciles y los abusos. Además, el amor y el cuidado que recibiste en tus primeros años te ayudó a tolerar la terrible experiencia de la muerte de tu madre".

Cenicienta suspiró: "Tienes razón. Nunca pensé que mi madrastra estuviera abusando de mi. Empiezo a ver que sus malos tratos, combinados con la muerte de mi madre, podrían afectar mi relación con el Príncipe. Pero todavía no entiendo *cómo* me están afectando".

Hubo un destello en los ojos del Hada. "Me place que estés empezando a considerar lo que esto implica, pero no tengas tanta prisa", advirtió. "Es probable que requieras bastante tiempo para comprender en su totalidad el impacto de tu infancia. Algunas personas necesitan toda una vida para alinear las cosas".

"¿Quieres decir que no puedo volverme una experta hoy mismo?", preguntó Cenicienta. Fingiendo una impaciencia caprichosa. Suavemente agregó: "En realidad quiero que sepas lo agradecida que estoy de que estés dispuesta a pasar tanto tiempo conmigo".

Sacando bruscamente un pañuelo, el Hada Madrina se limpió los ojos y pulió sus gafas. "Sé que estás agradecida", dijo con mucha formalidad inspeccionando cada lente meticulosamente. Era obvio que la vieja Hada amaba mucho a su ahijada de la tierra.

Cenicienta esperó respetuosamente durante un momento y luego siguió describiendo su confusión y su conflicto interno en cuanto a su relación con el príncipe. El Hada Madrina se puso de nuevo las gafas y escuchaba con gran interés.

"En este momento necesito ayuda para resolver mis problemas con el príncipe. Permíteme darte algunos ejemplos. En primer lugar, mi esposo está muy ocupado administrando el reino y sus bienes. Toma decisiones importantes todos los días y le fascina. Imagínate qué haría si sólo cabalgara de un lugar a otro sintiéndose inútil, y supongo que yo también debería hacer algo valioso con mi tiempo", dijo Cenicienta. "Además, está el asunto de mi caballo".

"¿Caballo?", dijo con asombro el Hada Madrina.

"Sí, mi caballo. El año pasado el príncipe me regaló un campeón castrado en mi cumpleaños. Le encantan los torneos y quiere que yo compita con él, como su compañera. Pero yo no soy muy buena para montar, y mucho menos para saltar; en realidad no me gustan mucho las competencias. El príncipe está desilusionado por mi mala actuación; siempre retrocedo en el último momento y lo hago quedar mal. En una ocasión incluso me caí del caballo frente a los jueces del torneo. Para él, triunfar es lo más importante, pero conmigo lo único que gana es la lástima del público. No puedo hacer nada bien", se quejó la princesa amargamente. "Supongo que debo esforzarme más pero..." Cenicienta se detuvo de pronto y miró al Hada con intensidad. "Muy bien, puedo verlo en tu rostro. Piensas que todo esto no tiene nada que ver con mi caballo ni con cabalgar rápido, ¿no es cierto?"

"Por Dios, no tenía la intención de ser tan transparente", sonrió el Hada Madrina. "Pero lo cierto es que todo esto tiene un significado más profundo, así que analicemos los ejemplos que diste. Estas situaciones son desagradables porque las ves a través de los ojos de la persona que crees que *deberías* ser. Siempre debes estar consciente de los 'deberías' y los 'debes'. Por lo general, cuando crees que *deberías* estar haciendo algo, el valor que das a esa actividad no brota de tu interior. El valor brota de otra persona. Así que la regla número uno es: fíjate en lo que *tú* quieres y detecta cuando piensas o dices: 'debería...'"

El Hada Madrina continuó: "Eres una persona muy generosa y te gusta mucho agradar a otros, de modo que tal vez se te dificulte mucho distinguir entre lo que realmente quieres hacer y lo que otros quieren de ti. Cuando empieces a dejar de comportarte en base a 'debería', debes estar preparada para sentirte confusa por un rato. No te sorprendas si te sientes culpable por no agradar a tu esposo o a otra persona. Esto va a cambiar. Al irte convenciendo de la necesidad de ser tu propia autoridad, te arriesgarás y estarás dispuesta a pagar el costo, sea positivo o negativo. Al paso del tiempo, tus opciones se volverán cada vez más sabias, se acercarán más a los deseos de tu verdadero yo".

Un momento después, el Hada Madrina añadió: "Por cierto, eres *capaz* de tomar decisiones, de administrar dinero y de triunfar en los torneos. Pero debes considerar que estas actividades son importantes y debes querer hacerlas para que encuentres plenitud en ellas. No basta con sólo pensar que son más valiosas de lo que crees que son ahora. Si quieres, te puedo ayudar a encontrar la manera de desarrollar esas habilidades. Pero en este momento, me interesa mucho que aprendas más sobre lo que hay en tu interior. Quiero que te hagas algunas preguntas y que dediques algo de tiempo para reflexionar en tus respuestas".

"¿Qué tipo de preguntas?", preguntó Cenicienta.

"Aquí hay una hoja de papel. Escribe las preguntas y dedica algo de tiempo esta noche para contestarlas", dijo el Hada Madrina y le dictó estas cinco preguntas:

1. ¿Cuáles son las formas más importantes en que utilizo mi tiempo en la actualidad?
2. ¿Qué siento que es importante en la vida?

3. ¿Cuáles son mis dones y talentos?
4. ¿Cuáles son mis necesidades, visiones, deseos, esperanzas y sueños? ¿Qué me gusta hacer?
5. ¿Cómo contribuyo en forma personal a mi matrimonio y a mi familia y cómo responden esas contribuciones a mis deseos?

El Hada Madrina añadió: "Mientras des más valor a lo que el príncipe hace como contribución a la familia y al reino, y mientras respetes más lo que él quiere que logres, en comparación con el valor que das a tus propios deseos, no es probable que te sientas bien contigo misma.

"Tu esposo tiene una visión de lo que tú deberías ser, pero es posible que esa visión no esté de acuerdo con tu ser interno. Tú habitualmente lo complaces y dependes de su aprobación. Mientras sigas permitiendo que la gratificación de tu esposo sea tu principal fuente de satisfacción, en lugar de desarrollar tus propios intereses y talentos, te sentirás débil, dependiente e infeliz. El hecho de que dejes que tu esposo decida lo que debes hacer con tu tiempo, revela tu baja autoestima. Y seguirás teniendo poca autoestima mientras la situación no se revierta. Cuando entiendas tus necesidades y tus fortalezas internas, percibirás correctamente tu belleza y tu valor en esta familia, al igual que tu potencial en la vida".

El Hada Madrina hizo una pausa para dejar que sus palabras penetraran antes de seguir adelante.

"Cuando vives para otros o dependes de otros para tu realización o para que te den su aprobación, se pierde tu verdadero ser. Queda sepultado bajo las expectativas de otros, o bajo tu interpretación errónea de lo que ellos quieren de ti. Al poco tiempo ya no tienes ni idea de lo que eres en realidad".

Cenicienta quedó llena de asombro. Este espíritu de ropaje tan extraño la conocía muy bien y expresaba con exactitud lo que había estado sintiendo pero no podía expresar. "Continúa", dijo emocionada.

"Si quieres encontrar la realización y vivir siempre feliz, es imperativo que aprendas a desarrollar tu propio poder, basándote en lo que realmente eres. Esto llevará tiempo. Si permites que tu deseo de agradar a otros, o tu deseo de recibir cuidados, te ordenen qué hacer con tu tiempo, no lograrás una realización a largo plazo. La realización a largo plazo viene de ser exactamente lo que fuiste creada para ser. Quiero ayudarte a descubrir el plano de tu alma. Cuando te conoces y expresas tu esencia constantemente, puedes ser feliz sin importar cuáles sean los caprichos de tu pareja ni los altibajos de tu relación con ella".

"Me has dado mucho en qué pensar", respondió Cenicienta, presionando sus sienes con la punta de los dedos como para impedir que las ideas se le escaparan. "Pero quiero saber más... mucho más".

"¡Es suficiente por hoy! Necesitas tiempo para asimilar estas ideas", sonrió el Hada Madrina.

"Sólo una pregunta más, por favor", dijo Cenicienta de pronto.

"¿Qué pregunta, Cenicienta?"

"¿Seguiremos casados el príncipe y yo?"

El Hada Madrina respondió sabiamente: "¿Recuerdas lo que dije ayer sobre el libre albedrío? Entonces sabes que yo no puedo contestar eso". Luego sonrió amablemente y dijo, "Ha llegado el momento de dejarte sola para que medites en lo que hemos hablado. Sugiero que nos reunamos mañana a la misma hora".

Cenicienta se puso de pie y abrazó a su Hada Madrina justo antes de que desapareciera.

Puntos a reflexionar sobre el Capítulo 2

1. Recordar tu niñez, en particular tu relación con tu padre y tu madre, puede ayudarte a entender tu relación amorosa actual.

   Si no estás contenta con tu relación actual, tu infancia podría darte muchas pistas de la razón. Es importante determinar cómo te afectaron las personas que te educaron.

2. Aprendiste muchas de tus creencias sobre ti misma y sobre tus relaciones en tu familia original.

   Tu autoestima también se desarrolló en ese contexto. De modo que no es sorprendente que tus reacciones hacia tu pareja actual se basen en conflictos y situaciones que no se resolvieron en tu infancia. Por ejemplo, puedes dramatizar ciertos "guiones" con tu pareja con el fin de conseguir el amor, la aprobación y la atención que no pudiste recibir de tu familia. Situaciones como el divorcio, la muerte o la ausencia de un padre pueden afectar tu vida adulta, al igual que las palabras y comportamientos agresivos de los adultos que te cuidaron en la infancia.

3. Decide qué quieres hacer con tu tiempo.

Deja de tomar decisiones sólo para agradar a tu pareja o para recibir amor o aprobación. Asimismo, deja de hacer cosas sólo porque crees que deberías hacerlas. Sólo tú puedes vivir tu vida.

4. Tu autoestima baja cuando tomas decisiones que sólo se basan en agradar a otros.

   Deja de ser injusta contigo misma. En lugar de concentrarte en lo que *deberías* estar haciendo, piensa en las cosas que *podrías* hacer y determina cuáles serían las más satisfactorias. Sé tu propia autoridad y empieza a crecer en cuanto a tu capacidad para elegir actividades que sean congruentes con tu ser interno. Aprende a ser tú misma.

5. Hazte cargo de tu vida.

   Sólo tú puedes decidir lo que es adecuado para ti. Puedes buscar la sabiduría, los consejos y la asistencia de otros, pero la responsabilidad de lo que elijas sólo es tuya.

6. Al empezar a discernir y a comprender tu verdadera naturaleza, dedica algo de tiempo para valorar tus características personales, tus intereses y tus talentos.

   Esto te dará poder y te ayudará a crecer como persona.

7. Acepta el hecho de que la dependencia no lleva a la realización.

Preguntas para el diario

1. Concéntrate en tu familia de origen y haz una lista de los sucesos, las personas y las pautas de pensamiento y de conducta que aun podrían estarte afectando en la actualidad.
2. Enumera las actividades, cualidades, características, posesiones y personas que valoras en tu vida diaria, en tus relaciones y en tu vida en general.
3. ¿Cuáles son tus intereses, dones y talentos? ¿Cómo podrías desarrollarlos y compartirlos?
4. ¿Cómo contribuyes a la vida de los demás?
5. ¿Qué quieres y necesitas para crecer y desarrollarte en este momento de tu vida?
6. ¿Cuáles son tus visiones privadas, tus deseos, esperanzas y sueños?
7. ¿Qué te agrada de ti misma? ¿Qué te gustaría cambiar?
8. ¿Cuáles son algunos de tus temores respecto a ti misma? ¿Cómo influyen en tu vida?
9. ¿Qué es lo que haces para no permitirte hablar y comportarte conforme a lo que sientes en tu interior? ¿En qué momentos sueles esconderte detrás de una máscara?
10. ¿En qué áreas de tu vida no eres tú misma ni vives de acuerdo a tu sistema de valores?

11. ¿En qué áreas de tu vida tienes miedo de entrar en acción y hacer lo que sería correcto para ti?
12. ¿Cuál es tu creencia más negativa respecto a ti misma? Redáctala en otra forma de modo que exprese lo que sabes que es la verdad. Sigue con este ejercicio para actualizar las creencias que te limitan.

Capítulo 3

Más allá del amor romántico

El resto de esa tarde, cuando no estaba ocupada con los niños, Cenicienta se dedicó casi exclusivamente a escribir en su diario y a pensar en sus conversaciones de los últimos dos días con su Hada Madrina. El príncipe estaría fuera de la ciudad por dos semanas, negociando los derechos del agua con cinco reinos vecinos. No se sentía presionada a compartir con él sus experiencias en el jardín, ya que no existía una oportunidad para hacerlo y Cenicienta se sentía agradecida por esto.

El Hada Madrina regresó al jardín el día siguiente por la tarde y encontró a Cenicienta en la alcoba privada cerca de su sala privada, que estaba protegida con una cortina de madreselvas y jazmines.

"Hada Madrina, me alegro que me encontraras. ¡Te he estado esperando!", exclamó Cenicienta levantando la vista.

"Lo sé. Observé cómo has estado escribiendo furiosamente en tu diario. Te has convertido en un elemento decorativo del jardín, parecido a la banca en la que estás sentada", respondió la sabia anciana, sentándose a su lado. Se abrazaron y luego se relajaron con un momento de silencio.

"Cuánto más escribo en mi diario, más preguntas llegan a mi mente", dijo finalmente Cenicienta. "Escribí algunas preguntas que quiero hacerte, pero no están en orden y en este momento no tienen mucho sentido, así que no sé por dónde empezar".

"No te preocupes, Cenicienta. No es necesario compartir lo que has escrito", respondió el Hada Madrina. "El propósito primordial del diario es desarrollar tu nivel de conciencia. Tus preguntas surgirán durante el tiempo en que estemos juntas".

El Hada Madrina sacó un cuadernito de entre los pliegues de su bata, se ajustó las gafas y repasó rápidamente una docena de hojas escritas a mano como tratando de encontrar algo. "Vamos a ver… Si te parece bien, me gustaría terminar mi explicación sobre las almas gemelas", dijo, volviendo a guardar el cuadernito.

Cenicienta estaba tan atenta como un niño en su primer día de escuela. "Por supuesto, continúa por favor", dijo.

"El término *alma gemela* implica que un ser o entidad espiritual en cierta forma produce dos personas distintas que luego se vuelven a reunir cuando se encuentran y se enamoran. Este concepto supone que estos gemelos espirituales satisfacen todas sus necesidades mutuas, se aceptan totalmente y nunca tratan de modificar su conducta mutua. Como la relación es perfecta, ninguno de los dos tiene que enfrentarse al otro ni comunicar pensamientos y sentimientos más profundos. Después de todo, pueden leerse la mente", afirmó el Hada Madrina. "¡Qué aburrido!"

"Pero eso nos pasó al Príncipe Encantado y a mi al principio de nuestra relación. ¡Y me encantaba!", dijo Cenicienta.

El Hada Madrina levantó la mano ligeramente para suavizar la interrupción. "Lo sé, y vamos a hablar un poco sobre el amor romántico en un momento. Pero, por favor, permíteme continuar". Al ver que Cenicienta se tranquilizaba de nuevo, siguió: "Este tipo de relación sólo funciona en una dimensión estrictamente espiritual, donde no existen los desafíos y las responsabilidades cotidianas de la vida terrenal. En *esta* vida tienes una personalidad que tiene necesidades, deseos y apetitos que debe satisfacer, al igual que un cuerpo físico que debe mantener. Los problemas y responsabilidades cotidianos crean conflictos. Los conflictos no son algo negativo, por cierto, sino algo normal cuando dos personas viven juntas en el mundo físico. Una *verdadera* relación entre almas gemelas, ocurre estrictamente al nivel del alma, y se extiende de tu alma al alma de tu pareja. La intención es vivir a partir de un plano superior de conciencia y al mismo tiempo reconocer que el mundo físico presenta su propia mezcla de desafíos y lecciones, como la necesidad de desarrollar patrones eficaces de comunicación y destrezas para la toma de decisiones. Los valores, los sistemas de creencias y las experiencias forman el pasado de cada persona y se mezclan para crear una relación y una familia completamente únicas. Relacionarse a partir del nivel del alma, es algo que el príncipe y tú aún no han experimentado. Hay que ver si están listos para esa experiencia".

Cenicienta ya no pudo resistirse. "Espera un momento, por favor. ¿Cómo se supone que una persona sabe cuando termina una relación espiritual y cuando empieza una terrenal? ¿Debemos sentir claramente el cambio? Porque yo no lo he sentido", se quejó.

El Hada Madrina se dio cuenta de que tal vez estaba profundizando demasiado y con demasiada rapidez, y se prometió en silencio que desaceleraría su paso para responder al nivel de conciencia que Cenicienta tenía en ese momento. Como maestra, se emocionaba con facilidad y en ocasiones daba más información de la que un mortal podía razonablemente digerir. Sus ojos contemplaron la alfombra de capullos primaverales que cubría el jardín. Por otra parte, pensó, nunca es dañino plantar una semilla o dos antes de tiempo. Al igual que las flores, las ideas tienden a germinar en el momento adecuado.

Así que el Hada Madrina escuchó mientras Cenicienta trataba de asimilar las ideas que había recibido hasta el momento. Cuando el ritmo de su conversación se volvió lento e inseguro, el Hada Madrina dijo con dulzura: "Estás asimilando todos estos conceptos muy bien".

"Gracias", dijo Cenicienta. "Sabes, tienes razón en una cosa: El lidiar con los problemas cotidianos me ha hecho creer que el príncipe y yo en realidad no somos almas gemelas. Ahora estoy empezando a ver algunos momentos en que mi pensamiento fue erróneo. Deseaba mi realización, y no he sabido encontrarla en mi interior. Aún no sé cómo hacerlo. Me desilusiona que el príncipe ya no me llene emocionalmente ni me haga sentir segura, cuando lo que en realidad deseo es tener integridad interior, como dijiste. Deseo desesperadamente relacionarme con el príncipe a nivel del alma", concluyó Cenicienta, con los ojos llenos de lágrimas.

"Dime lo que sientes", instó el Hada Madrina.

"Bueno, para ser honesta, me siento muy triste porque no creo que el príncipe siga enamorado de mi. Dudo que le interese todo esto de una relación a nivel del alma".

"Eso no importa, querida", dijo el Hada Madrina con seguridad.

A Cenicienta le molestó el hecho de que su madrina no se preocupara por eso. "¡Claro que importa! ¡No quiero seguir casada con un hombre que ya no está enamorado de mí!", dijo entre sollozos.

El Hada Madrina le ofreció su pañuelo. Cuando pasó el llanto, trató de explicar: "Veo que estás muy molesta, Cenicienta. Por favor no te precipites en tus conclusiones; tengo mucha más información que compartir contigo. Pero por el momento, concentrémonos sólo en *ti*. Después de todo, *tú* eres la que está ansiosa por aprender algo sobre ti misma y tu relación".

El Hada Madrina se le acercó y le dijo con sabiduría: "Voy a compartir un secreto contigo. Ya es tan obvio en este momento, que no debería ser un secreto, pero muchas personas son incapaces de verlo. *En realidad no puedes cambiar a otra persona, sólo puedes cambiarte a ti misma.* Cuando logras cambiar, las personas que hay en tu vida cambian como una respuesta a tu cambio, o a la larga se van. Ten este punto de vista: Estás aprendiendo nuevos 'pasos de baile' al estar más consciente de ti misma; de todas tus expectativas, necesidades, deseos, comportamientos y reacciones. Y cuando aprendas esos pasos, la única opción que tendrá el príncipe es 'bailar' contigo en forma diferente.

"La mayoría de los hombres con quienes he trabajado se sienten mucho mejor cuando están cerca de una mujer que se conoce a sí misma, que se comunica sin planes ocultos ni juegos, y que no espera nada de su pareja. Lo mismo ocurre con las mujeres. Es posible que a la larga, el príncipe sienta curiosidad por tu transformación y también decida cambiar. Pero la conciencia de uno mismo es algo que sólo la persona puede decidir tener. Y él no está aquí hablando conmigo en este momento".

Cenicienta suspiró profundamente y dijo: "Bueno, yo estoy aquí, y definitivamente quiero conocerme, de modo que supongo que eso significa que voy a aprender nuevos 'pasos de baile'. Espero que tengas razón respecto a que el príncipe también lo hará. Pero hay algunas cosas que no entiendo".

"¿Qué cosas?", preguntó el Hada, levantando las cejas.

"Por favor explícame lo que significa tener 'planes ocultos' y 'juegos', porque no estoy segura de entenderlo", dijo Cenicienta.

El Hada Madrina asintió mostrando aprobación. Le agradaba que Cenicienta estuviera poniendo atención a las sutilezas de su conversación y pensando en forma suficientemente crítica como para hacer preguntas. "Una persona que tiene planes ocultos parece estar tratando de lograr algo pero en realidad está tratando de lograr otra cosa. Por eso se dice que sus 'planes' están 'ocultos'. En ocasiones la persona con planes ocultos no se da cuenta de lo que está haciendo; sus motivos están a nivel subconsciente. Por ejemplo, una persona que se siente insegura y sin amor, se acerca a su pareja, le da un fuerte abrazo y le dice: 'Te quiero', con la intención de que la pareja le diga: 'yo también te quiero'. Parece estar dando amor, pero está mucho más interesada en *recibir* amor; y tal vez ni siquiera se haya dado cuenta".

"Qué barbaridad, yo lo hago todo el tiempo", reconoció Cenicienta.

"Los juegos son algo similar. La persona que está en un juego, no esta dispuesta a hablar directamente y con sinceridad con su pareja porque cree que su pareja no es capaz de responder a su sinceridad. Cree que empezará a discutir o se enojará y rechazará lo que ella le pide. De modo que usa la culpa, el enojo o el encanto para manipular a la pareja, en lugar de decirle la verdad sobre lo que desea o necesita. Por ejemplo, alguien que tiene miedo de expresar sus opiniones respecto a la forma en que se gasta el dinero, puede fingir que no le importa o que está demasiado dispersa para poner atención a detalles tan insignificantes como el tener gastos excesivos".

"Gracias; eso ayuda", dijo Cenicienta poniéndose de pie. Caminó un poco, llegó hasta un Avellano y contempló sus frondosas ramas. "Mi padre plantó un árbol como este para mi cuando yo tenía seis años", recordó. "Solía escaparme de mi madrastra y acurrucarme debajo del árbol cuando mi padre no estaba en casa. Me sentía segura llorando ahí. Supongo que estaba buscando protección y seguridad".

Cenicienta acarició el tronco del árbol. Un momento después regresó con su Madrina: "Cómo quisiera que el príncipe y yo pudiéramos regresar a nuestros días de recién casados. Todo era perfecto. Escuchaba todo lo que yo decía y me hacía muchas preguntas. Quería saber todo sobre mi... mis pensamientos, mis sentimientos, todo. Yo era el centro de su mundo, y extraño eso".

El Hada se dio cuenta de que necesitaban un pequeño descanso, así que dejó que Cenicienta recordara épocas más felices, empezando por su primera aparición antes del gran baile de palacio que cambió la vida de Cenicienta. Poco a poco, esto hizo que regresaran al tema del amor romántico, y el Hada lo sabía; así que se sentaron de nuevo y regresaron a la lección.

"El amor romántico", explicó, "es el principio de la mayoría de las relaciones. El fuerte atractivo físico y emocional que brota entre dos personas produce un estado de conciencia alterado que no es fácil conservar después de la etapa del enamoramiento.

"Ciertas sustancias químicas que hay en el cerebro, llamadas *endorfinas*, provocan sentimientos de placer. Al inicio de la relación, el cerebro de los enamorados está saturado de endorfinas que crean este estado especial. Las personas tienen sentimientos similares de bienestar si hacen mucho ejercicio o, aunque no lo creas, si comen chocolate", sonrió el Hada. Al parecer, la palabra "chocolate" hacía que su cuerpo regordete temblara un poco.

"En este intenso estado emocional, tus imágenes, expectativas e ideales respecto a la pareja perfecta se proyectan hacia tu pareja. Tal vez estas proyecciones tengan muy poco que ver con lo que la pareja es en realidad. Pero es difícil verlo porque ambos están manifestando su mejor comportamiento. La alegría, la risa y las atenciones hacen que se manifieste lo mejor de la persona, ¿no crees?"

"Claro que sí", dijo Cenicienta.

"Al principio de la relación, tú y el Príncipe Encantado estaban llenos de romance y de pasión, y les era fácil responder uno al otro. Además, respondían mutuamente a muchas de sus necesidades de dependencia emocional. Se sentían seguros física y emocionalmente. La profunda pérdida de amor que habías experimentado en la infancia, en especial cuando murió tu madre, hizo que el impacto fuera aún mayor".

Cenicienta asintió varias veces y dijo: "Ahora entiendo que sin darme cuenta, busqué en el príncipe la seguridad emocional que no había experimentado desde la muerte de mi madre".

"¡Así es, Ceni!"

"Todos pensaban que la riqueza de la vida de la realeza me hacía feliz", dijo Cenicienta moviendo la cabeza con tristeza.

El Hada Madrina profundizó más en el concepto. "Sin embargo, estas riquezas externas, nunca *llenaron* tus necesidades internas", dijo suavemente.

"No. Y me di cuenta de eso más y más, a medida que la novedad del matrimonio fue desapareciendo. Yo tenía lo que todo el mundo habría querido y sin embargo no era feliz. Sentía que no tenía derecho a ser *infeliz*. Fue una época de mucha confusión".

"Fue difícil observar cómo contenías tu dolor y aparentabas ser feliz ante otros. A veces, casi *te convencías* de que lo eras", dijo el Hada.

"¿Por qué no me visitaste entonces?", preguntó Cenicienta un poco resentida.

"Estuve a punto de venir a rescatarte. De hecho, siempre estuve a tu lado, esperando que me pidieras ayuda. No es común que intervengamos en la vida de las personas como lo hice contigo la primera vez. Entré a tu vida porque era tu destino estar en el baile y la loca de tu madrastra te había encerrado. Tienes un propósito muy especial en la vida y era necesario que conocieras al Príncipe Encantado; pero hablaremos de eso más tarde".

"Puedo ver por la mirada en tus ojos que tendré que esperar un poco para que me lo reveles", sonrió Cenicienta. Regresó lentamente a la banca de piedra y se sentó de nuevo junto a su Madrina. "Bueno... regresando a nuestro tema original, ¿por qué era yo tan infeliz?"

"Porque la disposición del príncipe para darte seguridad emocional era limitada", dijo el Hada. "Pasó mucho tiempo contigo durante los primeros años, ¿no es así?"

"Sí, era muy apasionado y afectuoso. Siempre me hacía el amor. Con frecuencia regresaba al castillo durante el día para sorprenderme con un ramo de flores o con un regalo, y siempre acabábamos en la cama. Además, siempre estaba disponible cuando yo quería *hablar*", añadió Cenicienta como para superar su timidez.

"Viste el mejor aspecto del príncipe durante los primeros años de tu matrimonio", explicó el Hada. "Sin embargo, sólo pudo mantenerlo durante la etapa del amor romántico, la etapa del enamoramiento. Le gustaba que dependieras de él porque estaba obsesionado contigo. Pero a la larga, ese enamoramiento fue desapareciendo, y se cansó de tu dependencia. Sentía que lo atrapaba y lo asfixiaba. Tu dependencia bien pudo recordarle su relación con su madre. Ella lo llenó de cariño, quería saber todo lo que pensaba y cada detalle de su vida. Si él no quería pasar algo de tiempo con ella, hacía pucheros. Él aprendió a distanciarse emocionalmente y a alejarse del cariño asfixiante de su madre. Cuando estaba cerca de ella, se 'contenía' por así decirlo. Estaba ahí físicamente, pero mentalmente estaba en otra parte. Soñaba despierto mientras la miraba, incluso era capaz de repetir sus palabras si ella se lo pedía. Sobrevivió alejándose emocionalmente, volviéndose frío, distante y lejano".

El Hada Madrina se puso en pie para estudiar a Cenicienta, como si no estuviera segura de cómo debía presentar su siguiente declaración. "El príncipe se alejó de ti poco a poco cuando empezaste a recordarle a su madre. Regresó a la administración del reino y siguió con su preparación para llegar a ser rey. Tú interpretaste su alejamiento como una disminución en su amor a ti. Lo que para él era un horizonte en expansión, para ti fue una distancia emocional".

Cenicienta asintió y dijo: "A veces, cuando trataba de acercarme, me decía que dejara de actuar como su madre. Me acusaba de utilizar la atención y el afecto para tratar de controlarlo. Claro que eso me causaba resentimiento. Estaba convencida de que había algo mal en mi, que si fuera una mejor esposa él volvería a ser el príncipe de quien me había enamorado. Ahora veo que él también tiene muchas necesidades insatisfechas de su infancia. Su pasado también afecta nuestra relación".

"Sí, sí. Tienes razón", respondió el Hada, caminando de un lado a otro en el sendero. "Pudiste conservar la apariencia de felicidad conyugal utilizando mecanismos de defensa de la infancia. Para evitar la furia de tu madrastra, siempre hacías lo que te pedía y rara vez percibías tus necesidades internas y tus sentimientos. Por supuesto, el trabajo nunca era demasiado, y no era posible satisfacer a tu madrastra con ninguna tarea. Aprendiste a inhibirte emocionalmente y a vivir en tu propio mundo de fantasía, esperando el regreso de tu padre".

Cenicienta siguió con el relato: "Cuando el príncipe ya no estaba obsesionado conmigo y regresó al gobierno de su reino, tuve que volver a inhibirme como cuando era niña. Pasé horas de soledad en el jardín. En ocasiones, la alegría regresaba a mi matrimonio. Disfruté mucho el nacimiento de Marco y Mandy. Pasaba muchas horas con ellos, y prácticamente ignoraba todo lo que estaba pasando. De hecho, el príncipe era muy afectuoso cuando eran pequeños. Entonces sí sentía que me amaba", dijo Cenicienta sonriendo.

Luego continuó: "Cuando los niños crecieron y se volvieron más independientes, en ocasiones me entristecía y me deprimía. Nunca había entendido por qué, sino hasta ahora. Me avergüenza reconocer cuantos mensajes sutiles le he estado mandando al príncipe en relación a mis necesidades. No es sorprendente que mis exigencias de cercanía lo abrumaran. Lo único que él sabe hacer es distanciarse emocionalmente".

El Hada Madrina había estado escuchando asombrada las profundas observaciones de Cenicienta. "Estoy feliz de que algunos de estos problemas estén empezando a tener sentido para ti. Cuando puedes ver el panorama general, no necesitas sentirte ofendida ni sentirte víctima. Puedes crear una nueva vida para ti y aprender los secretos para vivir feliz por siempre en realidad", dijo.

"Todo esto me emociona. Pero casi parece como si se esperara que el amor muriera cuando dos personas que tienen una relación descubren quienes son en realidad", observó Cenicienta.

"No, yo estoy diciendo que el amor crece y cambia. El amor que surge es muy distinto", respondió el Hada.

"¿A qué te refieres?"

"Recuerdas cuando tú y el príncipe empezaron a discutir con frecuencia? Ambos empezaron a experimentar mucha tensión en la relación", dijo el Hada.

"Sí, ¿cómo podría olvidarlo? Es cuando empecé a cuestionar lo que estaba haciendo aquí y a dudar si éramos compatibles o si en realidad nos habíamos enamorado", dijo Cenicienta. "De hecho, me apena decir que hubo ocasiones en que ya ni siquiera me gustaba el príncipe".

El Hada Madrina sonrió y respondió: "Lo que te voy a decir es muy importante, Ceni. Lo que ya no te gustaba era su *comportamiento*, no su *esencia* ni su *verdadero ser*. Ya no podía ser lo que querías que fuera porque tenía un aspecto que tú no conocías. Tenía necesidades insatisfechas. Para entender al príncipe, debes ver más allá de su comportamiento para ver lo que lo está motivando. En esa época, por ejemplo, es posible que haya regresado a los torneos porque necesitaba más actividad física. O tal vez necesitaba más tiempo para administrar el castillo o prepararse para sus competencias. Había dejado estas actividades cuando se casó contigo. Para sentirse menos culpable por no pasar más tiempo contigo, se interesó mucho en tus clases de equitación y te inscribió en los torneos. Tú también dejaste algunas de tus actividades, como meditar y hablar con los animales".

Cenicienta no mostró señales de cansancio cuando su Madrina continuó su charla sobre las relaciones. La sabia anciana explicó que cuando el enamoramiento y el amor romántico se desvanecen, surge una etapa muy importante. Las relaciones sanas pasan por un periodo de luchas continuas de poder. En esta etapa, cada miembro de la pareja trata de convertir al otro en su compañero "ideal". Como parte de este proceso, muchas parejas discuten y pelean.

Algunas inician una "guerra fría" y empiezan a evitan las áreas más sensibles del conflicto. Como ni Cenicienta ni el Príncipe estaban listos para arriesgarse a una confrontación, sus vidas se habían ido separando más y más y ya no existía la intimidad ni la capacidad para compartir. Evitaban los conflictos, habían hecho una especie de acuerdo, a cierto nivel, de no discutir ni pelear abiertamente. Pero la tensión y el dolor seguían presentes, incluso sin confrontaciones.

"Trataste de restringir tus sentimientos negativos", terminó el Hada. "Hasta este momento".

"Gracias al cielo que regresaste, Madrina", dijo Cenicienta. "Me he sentido tan alejada de la vida, tanto como cuando mi padre salía en sus viajes de negocios y me quedaba con mi madrastra y mis hermanastra, y yo me sentía como prisionera en mi propia casa. Siento alivio al comprender que es normal dejar de sentir el amor romántico y experimentar conflictos. Si no hubiera sentido tanto miedo de enfrentarme al príncipe, tal vez habría expresado estos sentimientos mucho antes. Ahora puedo ver que mi esposo y yo hemos utilizado la culpabilidad propia y el culparnos mutuamente para ejercer control, tratando de recuperar los sentimientos que teníamos en la primera etapa de nuestra relación. Ambos extrañábamos ese periodo de enamoramiento, cuando estar juntos era algo nuevo y emocionante. Extraño el romance".

La mirada de Cenicienta se suavizó cuando recordó: "Cuando era chica tenía fantasías respecto a ser la esposa de un apuesto príncipe. Imaginaba una dedicación mutua total en la que sólo habría momentos de felicidad el resto de nuestra vida. En mi fantasía, siempre estábamos juntos, disfrutando de las mismas actividades, riéndonos, compartiendo nuestros pensamientos y sentimientos más íntimos, y haciendo el amor todos los días de la semana. Hablábamos de nuestro papel como padres y estábamos de acuerdo en la forma en que educaríamos a nuestros hijos. Nos sentábamos juntos todas las noches viendo a nuestros hijos reír y jugar juntos. Estudiábamos y leíamos libros, y hablábamos sobre la vida y sobre filosofía. Disfrutábamos al crecer juntos". Cenicienta miraba fijamente los setos podados a la perfección. "Bueno, estoy segura de que captas la idea", dijo. "Quería que mi vida con el príncipe se pareciera a esa fantasía, lo que no es muy realista".

"Estoy de acuerdo", respondió el Hada Madrina, "pero casi todos los recién casados tienen expectativas poco realistas. No sirve de nada decir a las parejas lo que les espera, ya que se niegan a creer que su éxtasis no va a durar. Pero además de ser emocionante y embriagador, el amor romántico tiene un propósito muy importante: unir a la pareja".

El Hada Madrina empezó a buscar algo entre los pliegues de su vestido. "Me da gusto que estés desarrollando una comprensión más profunda de las relaciones. Ya es hora de que me vaya, pero te voy a dejar una nueva serie de preguntas para que las contestes en tu diario".

Con un gesto triunfante, el Hada Madrina sacó la siguiente lista de preguntas, abrazó a Cenicienta y desapareció.

1. Haz una lista de las características que te agradan y te desagradan de tu pareja, incluyendo

los papeles que desempaña, sus actitudes, sus creencias, sus hábitos y sus valores. ¿Cuáles de esas características tienes tú?

2. Haz una lista de las características tuyas que crees que le agradan y desagradan a tu pareja. Ratifícala compartiéndola con tu pareja. Observa las similitudes y las diferencias que hay en las dos listas.
3. Haz una lista de las características, intereses, valores y creencias que tú y tu esposo tienen en común. Haz una lista de las que están en conflicto. Ratifícala con él.
4. Escribe un poema expresando tus pensamientos y pensamientos en este momento.

Puntos de reflexión para el Capítulo 3

1. Una relación no puede permanecer indefinidamente en la etapa del enamoramiento.

   No hay que pensar que cuando el amor romántico se desvanece es una señal de que estás en una relación equivocada o que tienes un grave problema. El amor romántico no es un amor maduro.

2. La insatisfacción ocurre en una relación cuando se acaba el enamoramiento y empieza la desilusión.

   Ahora las dos personas están listas para mezclar sus personalidades y aprender a vivir juntas en una verdadera sociedad. Las áreas de fricción indican problemas que necesitan resolverse.

3. Los enfrentamientos construyen la comprensión.

   La segunda etapa de una relación es una extensa lucha de poder. Esto es normal. En esta etapa, es saludable aprender a enfrentar a la otra persona, lo que ayuda a que la relación madure. Esto permite que cada persona aprenda en qué forma impacta a la otra. En esta etapa el reto está en descubrir lo que se puede cambiar en la relación y lo que se debe aceptar.

4. En una relación amorosa madura, las personas aprenden a relacionarse al nivel del alma y con un alto nivel de conciencia.

   Entienden que los asuntos incompletos del pasado pueden aparecer en la relación, y que las experiencias de la infancia deben sanarse. Las parejas maduras creen que están juntos por razones específicas y dedican algo de tiempo para descubrir y entender el propósito de su unión. También están conscientes de que es normal tener dificultades cuando dos personalidades están aprendiendo a aceptarse mutuamente y formar una relación sana.

5. La conciencia de uno mismo es la clave para mejorar una relación.

   Al paso del tiempo, el incremento de la conciencia de ti misma te ayudará a identificar los planes ocultos y los juegos que se presentan entre tú y tu pareja, y a desarrollar nuevas formas de relacionarse. Tener juegos y planes ocultos mata el amor.

6. Sólo te puedes cambiar a ti misma en una relación.

   Nunca debes tener la meta de cambiar a tu pareja. Concéntrate en donde puedes ejercer control, es decir, en ti.

7. Al cambiar tus propios patrones de pensar, de actuar y de comunicarte, automáticamente

cambiarás el patrón de la "danza" que ejecutas con tu pareja. Cuando introduces nuevos "pasos de baile", tu pareja también tendrá que actuar en forma diferente.

8. Cada miembro de la pareja proyecta al otro las expectativas y necesidades insatisfechas, lo que causa malentendidos y conflictos.

   Las parejas conscientes a larga aprenden a reconocer estas proyecciones y a evitarlas para relacionarse con el verdadero ser de la otra persona. Una proyección es un mecanismo de defensa que hace posible que la persona reconozca en otros características que no quiere o no puede enfrentar en sí misma. Una persona debe tener al menos la semilla de una característica para reconocerla en otro.

Preguntas para el diario

Contesta las preguntas que el Hada Madrina le dio a Cenicienta.

Capítulo 4

Cómo llegar a estar consciente de uno mismo

Inclinada sobre la hortaliza, con la pala en la mano, Cenicienta estaba marcando los límites territoriales del orégano, que parecía decidido a invadir a sus vecinos, y a la hierba de olor favorita de Cenicienta, el laurel. Elevó la vista y se rió al ver al Hada Madrina luchando para desatorarse de un rosal espinoso. "Debes tener más cuidado al elegir el lugar donde te vas a materializar", le aconsejó, quitándose los guantes de jardinero para ayudarle.

"Lo sé, lo sé", murmuró el Hada Madrina con enfado, mientras examinaba uno de los muchos trocitos de rama que se habían atorado en su falda. "Siempre se me olvida la gran cantidad de arbustos que tu jardinero ha puesto aquí; es difícil encontrar un lugar seguro donde aterrizar".

Cenicienta guió al Hada Madrina a una elaborada mesa de hierro que acababa de ser instalada en su alcoba privada. Se había sentido muy cómoda con las sesiones en el jardín y deseaba tener un mobiliario igualmente cómodo. Al sentarse en las sillas acojinadas, Cenicienta comentó que se habían estado reuniendo casi todos los días a lo largo de dos semanas.

"¡Es consolador que hayas regresado a mi vida, y escribir en mi diario es realmente satisfactorio! He estado escribiendo poesía durante mucho tiempo, pero nunca había escrito sobre mis problemas, lo que por cierto, ya no me parece tan abrumador como hace una semana o hace un año".

"Me alegra que las cosas estén mejorando. Escribir nuestros pensamientos y sentimientos sobre un tema casi siempre tiene ese efecto", respondió el Hada Madrina.

"Realmente tengo que concentrarme cuando respondo a tus preguntas", continuó Cenicienta, "pero al escribirlas, me alejo lo suficiente de los problemas para pensar en ellos con más claridad, lo que me ayuda a lograr mayor equilibrio. Además, estoy desarrollando algo de claridad y objetividad respecto a mi relación con mi esposo".

"Muy bien. Excelente", dijo el Hada Madrina asintiendo como para darle seguridad.

"Sabes, cuando empecé a contestar tus preguntas en mi diario, tuve algunos problemas", recordó

Cenicienta. "Por alguna razón quería que lo que escribía tuviera sentido para otras personas. Corregía mi ortografía e invertía mucho tiempo en la redacción. Después, hubo algunas preguntas respecto a las que tuve tal cantidad de ideas que escribí con mucha rapidez. No tuve tiempo para preocuparme por mi ortografía y mi caligrafía. Ahora me siento más tranquila y sólo dejo que mis pensamientos fluyan. En ocasiones lo que escribo ni siquiera tiene sentido cuando lo vuelvo a leer días después; pero no importa, porque tuvo sentido en el momento en que lo escribí, y me sentí mejor después de haber expresado mis sentimientos".

El Hada Madrina seguía asintiendo con tal entusiasmo que su silla se movía peligrosamente.

"¿Te gustaría ver algunos de mis poemas?", preguntó Cenicienta con cierta inseguridad.

"Sí, mucho. Gracias por confiar en mi", dijo el Hada Madrina.

"Tengo tres que me gustaría compartir contigo", dijo Cenicienta, poniendo un cuaderno frente a su compañera. El Hada Madrina lo abrió y empezó a leer.

Recuerdo

A ti te pido, llorando en silencio,
Que estés conmigo.

Que seas fuerte,
Que me toques
Y me abraces
Para sentirme segura
Cuando realmente
Anhelo
Ese lugar en mi interior.
Ahora recuerdo como
Debe ser.
Tu no eres quien
Debe llenarme.
Eso debe venir del
Alma de mi ser.
Dejo ir el dolor
De sentirme
Separada de ti.
Me sano desde dentro
Y confío
Que el espíritu
Que está en mi interior
Me revele una seguridad verdadera
El AMOR de mi fuente.
Ahora me he nutrido,
Me he llenado desde mi interior.

El péndulo

Te alejas cuando me acerco.
Veo que mi necesidad de cercanía
Te aleja.
Aprendo suavemente que no puedes darme
Lo que necesito,
Al menos no en este momento.
Pides distancia,
Yo necesito cercanía.
La solución es que uno de nosotros
Conceda lo que el otro pide.
Como necesitas espacio, me retiraré.
Cuando me alejo, tú te acercas.
Me vuelvo y nos vemos
Frente a frente.
Por un momento, el péndulo
No se mueve.

Estoy libre

Te dejo ir para poder ser libre.
Durante mucho tiempo no vi esta paradoja.
La esclavitud de aferrarme sólo me estaba atrapando.

Ahora estoy libre para soltarme y simplemente ser.

El Hada Madrina puso el cuaderno a un lado y aplaudió con entusiasmo. Su radiante sonrisa pudo haber iluminado el lado oscuro de la luna. "Estás tocando tu verdadero ser y lo que escribes demuestra que has sanado mucho y que posees gran sabiduría. Te recomiendo que leas de nuevo estos poemas cuando estés tensa y todo lo que has aprendido parezca escaparse de ti. Estoy muy orgullosa de ti", dijo radiante.

"¡No puedo esperar a que el príncipe regrese!" exclamó Cenicienta. "Llega dentro de tres días y tengo mucho que compartir con él. No lo va a creer cuando vea que he vuelto a ser la muchacha feliz y llena de entusiasmo que era antes".

Mientras Cenicienta hablaba emocionada sobre la reunión con su esposo, el Hada Madrina guardaba sus pensamientos para sí. Se preguntaba cómo advertirle a Cenicienta, que estaba tan llena de energía y buenas intenciones, que posiblemente habría una colina más alta que escalar. El príncipe no sabía, por ejemplo, que él estaba en medio de un problema que afectaba a toda la familia. Si alguien le preguntara, es probable que dijera que su mayor dificultad era simplemente que su esposa estaba triste. No consideraba que él tuviera un problema y que estuviera buscando respuestas. Ni siquiera se había hecho preguntas.

El Hada Madrina dudaba que el Príncipe estuviera consciente del grado en que el vivir juntos crea una interdependencia. Lo que hace o siente una persona afecta a los demás miembros de la familia. Es más, por lo general cada miembro de la familia contribuye de alguna manera a crear problemas como los que tenía Cenicienta, a menudo inconscientemente. De modo que la solución también involucra a la familia.

El Hada Madrina decidió tratar el tema cautelosamente por el momento y dijo: "Cenicienta, comparto tu entusiasmo respecto a informar al príncipe sobre tus lecciones. Pero te aconsejo que tengas una actitud tranquila cuando le presentes tus nuevas ideas y lo que has llegado a comprender.

No compartas todo con él de un solo golpe. Después de todo, tú has tenido tiempo para digerir estos conceptos".

"Claro, estoy segura de que tienes razón. Seré cuidadosa. El príncipe va a estar encantado de que hayas regresado a mi vida".

"Bueno", fue lo único que el Hada Madrina pudo decir.

Era obvio que Cenicienta no estaba dispuesta a dejar que algo redujera su entusiasmo.

Ambas se sentaron en silencio durante unos minutos, cada una absorta en sus propios pensamientos. Finalmente, Cenicienta dijo: "Estoy lista para empezar la lección de hoy".

Sin consultar su cuaderno, el Hada Madrina entró de lleno al tema del día. "Hablemos más sobre desarrollar relaciones", dijo.

"Perfecto", respondió Cenicienta abiertamente.

"Después de la primera etapa, que es el ena moramiento, y la segunda, que es la lucha por el poder, las relaciones tienen una tercera etapa, que es la *aceptación incondicional*. En ella, cada persona llega a estar plenamente consciente de las diversas características de la otra. Algunas le agradan y otras le desagradan, pero aprende a aceptar las que no puede cambiar. Recuerda que en ocasiones la segunda y la tercera etapa se mezclan, de modo que los conflictos y las luchas por el poder no necesariamente se han acabado en este punto. De hecho, en esta etapa es saludable traer a colación áreas de conflicto para trabajar en ellas y llegar a una solución o a una actitud de aceptación. Al igual que en la segunda etapa, la pareja necesita ayuda práctica día tras día, por ejemplo, instrumentos de comunicación que le ayuden a resolver problemas y conflictos, y necesita procesar sus reacciones emocionales. Usar esos instrumentos ayuda a la pareja a corregir los aspectos de la relación que pueden cambiarse. Con buena comunicación, éste puede ser un periodo muy satisfactorio en una relación, con mucho intercambio de amor y aceptación incondicional".

"Debe ser muy gratificante vivir con una actitud a partir de la que puedas aceptar a tu pareja de manera incondicional, sin tratar de cambiar su naturaleza básica", comentó Cenicienta.

"Sí, y se requiere mucha conciencia de uno mismo para estar seguro de responsabilizarse por entender nuestras reacciones y necesidades emocionales y de ver que se responda a ellas", dijo el Hada Madrina. "Por cierto, el desarrollo de la conciencia de ti misma es la razón principal de las preguntas que te he pedido que respondas en el diario".

"Puedo verlo", dijo Cenicienta expresando su acuerdo.

El Hada Madrina continuó. "Tú y tu pareja deben aprender a expresar sus necesidades y deseos. Y después, pasar *juntos* por el proceso de descubrir cuáles son las necesidades que la otra persona puede satisfacer y asegurarse de que se satisfagan. Es el momento de adaptar las expectativas y de que ambos se vuelvan más realistas. Parte del proceso implica sentir pesar por la pérdida de las expectativas que no se pueden satisfacer, y perdonar a la pareja por no satisfacer tus ideales. Hacer la paz contigo misma respecto a la pérdida de tus fantasías idealistas puede requerir años... En realidad depende de cuánto estés consciente de ti misma, y de cuánto te hayas armonizado con la relación. En esta etapa, debes dejar de ejercer control y descubrir que es bueno practicar un amor y una aceptación incondicionales."

El Hada notó que la expresión de Cenicienta mostraba cada vez más inquietud. Se inclinó hacia ella, para darle a entender que estaba dispuesta a escucharla.

"Me parece bien", dijo la princesa tristemente, "pero no entiendo cómo esta tercera etapa es posible para nosotros. Ya ni siquiera estamos cerca, y ciertamente no nos comunicamos bien. Yo no sabría por dónde empezar".

"Entiendo", respondió el Hada, "y no quiero implicar que pasar de la segunda a la tercera etapa sea fácil. Pero ya has avanzado mucho. Muchas personas nunca logran suficiente comprensión como para pedir ayuda".

El Hada Madrina se puso de pie y empezó a caminar alrededor de la mesa. En su quinta órbita, dijo decididamente: "Creo que tan pronto como el príncipe se acostumbre a la idea de que las cosas están cambiando, deberíamos invitarlo a unirse a nosotras en nuestras pláticas en el jardín".

"¿Invitarlo?" gritó Cenicienta, poniéndose de pie de un salto. "Qué idea tan maravillosa. Cómo quisiera que llegara a palacio esta noche. Espero que esté de acuerdo en acompañarnos".

"Aunque no lo estuviera, yo puedo seguir enseñándote a ti. El aprendizaje a la larga llegará a tu esposo… cuando cambies el *baile*, ¿recuerdas? Ya sea que nos acompañe o no en el jardín, todavía tenemos mucho trabajo que hacer. La mera comprensión no sana de manera automática el dolor emocional ni corrige las expectativas poco realistas. Algunas personas requieren toda una vida de lecciones para tener una aceptación incondicional".

El Hada le recordó a Cenicienta con firmeza: "Aunque el príncipe no nos acompañe en nuestras charlas, recuerda que tú y yo nos estamos concentrando en *sanarte* y en alcanzar tus *metas*. Si el príncipe quiere trabajar en sí mismo y en la relación, está bien. Enfatizaré la conciencia personal y la comunicación, venga o no a nuestras sesiones. A veces verás progreso, y a veces sentirás que nada funciona y que la relación no tiene esperanzas de superar las luchas de poder. De modo que debes esperar muchos altibajos. Aumentar el nivel de conciencia como pareja puede ser un proceso muy lento. No debes esperar un cambio rápido".

El Hada Madrina tomó en sus manos las manos de Cenicienta. "Creo que por hoy hemos dicho suficiente".

"Creo que tienes razón", dijo Cenicienta. "Quiero regresar con mis hijos. ¿Cuáles son las preguntas que debo contestar hoy en el diario?"

"¡Ah, sí, las preguntas! Preparé una nueva lista para ti", dijo y con un ademán extendió una hoja de pergamino. Cuando ella desapareció, la hoja flotó suavemente hacia la mesa.

1. Anota cinco cosas que te frustran o te turban y que quisieras poder comentar con tu pareja. Expresa tus sentimientos. Comparte esta lista

con tu pareja cuando sientas que es el momento oportuno.

2. ¿Recuerdas alguna experiencia con tu esposo que todavía te molesta? Anota los incidentes que te es difícil perdonarle. ¿Qué necesitas para dejar ir estos sentimientos negativos?
3. Recurriendo a tu comprensión de una relación amorosa madura, describe cómo te gustaría que fuera tu relación dentro de cinco años.

Puntos de reflexión sobre el Capítulo 4

1. Escribir sobre tus problemas produce claridad, objetividad y una sensación de alivio.

   Cuando pones por escrito lo que piensas, no tienes que seguir dándole vueltas en la cabeza. La quietud mental reduce el estrés y puedes manejar mejor tus problemas. Si escribes con el fin de expresar y comprender tus conflictos internos, te sentirás bien y equilibrarás tus emociones. No importa si escribes poemas, pensamientos y sentimientos al azar o cartas que nunca vas a mandar, el resultado es el mismo. Escribir un diario no es hacer un informe sobre los sucesos de cada día, es más bien tu *reacción* a los sucesos y recuerdos de tu pasado.

2. Si estás participando en alguna terapia, asistiendo a clases de conocimiento pesonal o leyendo libros de autoayuda, necesitas avanzar con más lentitud y moderar tu entusiasmo al interactuar con tu pareja, si no está involucrada en actividades similares.

   Un cónyuge que no está tratando de cambiar, se sentirá amenazado e inseguro cuando ocurran cambios a su alrededor.

3. Antes de resolver un problema, es necesario estar consciente de él.

   El cambio ocurre con más lentitud que las ideas respecto al cambio. Asimismo, la comprensión no sana automáticamente el dolor emocional ni cambia los patrones de conducta.

4. En esta tercera etapa, una relación saludable supera las luchas por el poder y los problemas de control, y pasa al amor y la aceptación incondicionales.

   Sin embargo, durante la transición de la etapa dos a la etapa tres, las parejas deben enfrentarse a los problemas que hay en su relación y resolverlos. Esto significa arriesgarse a hacer cambios positivos siempre que sea posible y aceptar las condiciones que no se pueden cambiar. Incluso en la etapa tres, es saludable hablar de lo que te cause molestia. Hay que abordar las diferencias en forma positiva, no como algo que deba descartarse, ocultarse o reprimirse.

Preguntas para el diario

Contesta las preguntas que el Hada Madrina le dio a Cenicienta.

Capítulo 5

La vida es un proceso

Cenicienta salió corriendo del castillo para reunirse con el Hada Madrina que ya estaba en el jardín. Obviamente agitada, abrazó cariñosamente a su protectora y empezó diciendo: "¿Te importa si caminamos? Anoche me costó mucho trabajo conciliar el sueño después de contestar en el diario las preguntas que me diste ayer. Estaba inquieta y estuve despierta muchas horas volviendo a experimentar todos los sentimientos negativos que he tenido en los últimos diez años. Cuando traté de pensar en el amor maduro y cómo quiero que sea en el futuro, sólo sentí enojo. No sé cómo podrá funcionar esto con mi esposo y yo".

El Hada Madrina siguió con serenidad el rápido paso de Cenicienta. Era obvio que la princesa estaba abrumada por su creciente nivel de conciencia, de modo que el Hada simplemente escuchó durante un rato sus frustradas lamentaciones. Cuando hubo una pausa más larga, el Hada Madrina dijo: "Aunque no lo creas, es saludable experimentar el enojo que se ha almacenado y que no te has permitido sentir a lo largo de los últimos diez años. Creo que tal vez supones que el enojo no concuerda con tu personalidad cálida y amable, pero debes creerme, en ocasiones es aceptable irritarse y encolerizarse. No debes temer lo que supones son sentimientos negativos y no debes permitir que te arrastren a una depresión. Puedes experimentarlos y dejarlos ir, desahogándote conmigo. Se requiere mucha energía para negar lo que sientes. Uno de los objetivos de nuestras reuniones es ayudarte a identificar y a reconocer *todas* las emociones, según las vayas experimentando".

Cenicienta redujo su velocidad y dijo desanimada: "No quiero manejar mi enojo; ¡es demasiado difícil! Además, hacer todo lo que sugieres me llevará una eternidad".

El Hada Madrina contestó: "No una eternidad, pero te llevará tiempo".

"¿Cuánto tiempo?"

"Eso depende. Tardará lo que debe tardar. A veces se requieren muchos años para manejar los sentimientos, pero a veces el cambio se logra con rapidez. Ya sé que no quieres escuchar esto en este momento, pero debo señalar que toda esta transformación que estás experimentando requiere tiempo".

El Hada Madrina habló con dulzura pero con firmeza.

"Pero quiero que suceda ahora, no a lo largo de toda una vida", suspiró Cenicienta.

"Recuerda que esto es un proceso", dijo el Hada Madrina, que ya había dicho muchas veces que el proceso de la vida era más importante que su destino final. "Lo importante es el trayecto de tu vida hoy. Siempre se vive el momento presente. Cuando logramos nuestras las metas, sólo nos satisfacen por poco tiempo. La naturaleza del hombre es crecer, esforzarse, crear, siempre avanzando hacia la siguiente meta. Es ingenuo pensar que serás feliz cuando llegue cierta época en el futuro. Sólo estarás empezando el trayecto de vivir con un nivel más alto de conciencia. Trata de no juzgar el proceso".

"¿Pero cómo podremos mi esposo y yo superar los años de separación emocional?", preguntó Cenicienta. "El cambio requiere de mucho trabajo".

"Sí, es mucho trabajo, pero el tiempo va a pasar ya sea que trabajes en esto o no. Imagínate que las cosas se quedaran más o menos iguales, y luego lanza tu mirada cinco años hacia el futuro. ¿Cómo se siente?" Preguntó el Hada.

"Pesado", respondió Cenicienta.

"Ahora imagínate que dedicaste tiempo y atención a estos problemas y piensa en la situación que vivirás dentro de cinco años. ¿Cómo se siente?"

"Ligera", sonrió Cenicienta. "Tienes razón, en realidad debo enfrentarme a estos desafíos aunque sea difícil y aunque a veces sea lento".

El Hada Madrina sonrió perdiendo el aliento. "Podemos dejar de caminar por unos minutos?", preguntó. "Quiero explicarte cómo operan los cambios, y quisiera hacerlo sin estar en movimiento. No olvides que eres unos cuantos siglos más joven que yo".

"Lo siento", dijo Cenicienta. "Podemos sentarnos bajo este roble". Condujo a su protectora a poca distancia del sendero. Se sentaron en el suave césped una frente a la otra.

El Hada Madrina comenzó: "Analicemos tu tendencia a tener demasiadas esperanzas y demasiada prisa, ignorando el proceso. Respira profundamente y trata de proyectarte hacia el futuro. Imagina que a lo largo de varios meses, tú y el príncipe han estado hablando y trabajando activamente para mejorar su relación. En ocasiones lo hacen muy bien. Dejas que el príncipe sea como es, y pones en práctica todo lo que has aprendido en nuestras reuniones en el jardín. Pero de manera inesperada, surge una parte de ti que no ha sanado. Tal vez te sientes insegura después de toparte con tu madrastra en la aldea. Temporalmente olvidas que esta inseguridad viene de tu interior, y repites comportamientos que bien sabes no producirán los resultados que deseas. Exiges más tiempo del príncipe y tratas de hacer que se sienta culpable por viajar a los torneos y por trabajar demasiado. Eso hace que regrese a su actitud habitual de alejarse de ti emocionalmente. El príncipe no te dice cómo se siente, y al mismo tiempo, no quiere responder a tus necesidades de cercanía. Se restringe mentalmente, incluso cuando esté cerca físicamente, repitiendo la conducta que antes tuvo respecto a su madre".

"Qué esperanzas puedo tener, si podemos seguir haciendo todo esto a pesar de saber que debemos actuar de otra manera", dijo Cenicienta dudosa.

El Hada Madrina respondió de inmediato: "No, Cenicienta. No me estás entendiendo. Trato de decirte que en el proceso de curación vas a levantarte y a caer muchas veces antes de aprender a hacer los nuevos pasos sin dificultad. Cada vez que, como pareja, ejecutan un paso equivocado al bailar, uno de ustedes finalmente recordará la nueva manera de hacerlo. Al paso del tiempo, al ir creando formas más sanas y felices de relacionarse y de hacer que se responda a sus necesidades, pasarán menos tiempo repitiendo conductas que no conducen a una plenitud. No puedo enfatizar demasiado que esto requiere tiempo; es como tocar un instrumento musical. Nadie te había enseñado esto, por eso no me sorprende que te sientas desanimada".

El Hada Madrina decidió intentarlo de nuevo. "Dime Cenicienta, ¿cuál es uno de los principales propósitos de una relación, aparte de responder a las necesidades de cada miembro de la pareja y asegurarse de que a los hijos no les falte nada?", preguntó. "Hablé de eso en nuestra primera reunión".

"¿Cuál es?"

"Ayudar a la gente a aprender a elevar su nivel de conciencia. La vida es un viaje. Cada persona está en el proceso de llegar a estar totalmente consciente de su verdadero ser interno. Las relaciones proporcionan el contexto para crecer. Las personas que eligen no vivir la vida con un compañero tienden a aprender con más lentitud. Vivir con alguien acelera el paso. Tus lecciones están 'frente a tus ojos', por así decirlo".

Y añadió: "Tú y el príncipe se atrajeron como un imán. Tienen patrones recíprocos en que trabajar y que equilibrar a lo largo de esta vida. Tienen la oportunidad de transformarlos 'bailando' juntos. 'La danza de la vida' es una buena metáfora para los patrones de conducta que existen entre tú y el príncipe".

"Ya he aprendido algunas de mis lecciones", dijo Cenicienta con impaciencia. "Necesito perdonar al pasado, experimentar mis pensamientos, fortalecerme en mi interior y hacer que mi felicidad no dependa del príncipe. Dime cuáles son algunas de las lecciones que el Príncipe Encantado debe aprender".

"Muy bien, pero sólo porque quiero que sepas que él también tiene que enfrentarse a ciertas cosas. No eres la única que tiene problemas. Sin embargo, no quiero que te concentres en las lecciones que el príncipe debe aprender. Después de esta charla, te recordaré una y otra vez que pienses *sólo* en tus lecciones", dijo el Hada Madrina.

Luego continuó: "El Príncipe Encantado tiene un patrón de querer rescatar a otros y de proporcionarles seguridad material, y luego siente que la otra persona se está aprovechando de él. Tiende a asumir demasiada responsabilidad. En la actualidad se está enfrentando a estos dos problemas, pero no está consciente de estarlo haciendo. Los interpreta pensando que tú necesitas demasiado y que él hace todo por ti. No ve su parte en ese patrón de conducta".

"Ciertamente *no* hace todo por mi", protestó Cenicienta indignada. "¡Eso no es justo!"

El Hada Madrina respondió a la actitud defensiva de Cenicienta tratando de tranquilizarla. "Tú y yo sabemos que él ha decidido hacer estas cosas por ti. También sabemos que desempeñas tus responsabilidades de manera muy competente sin su ayuda. Pero eso es lo que él siente cuando quiere cambiar sus patrones de conducta y no sabe cómo hacerlo. De manera enfermiza, siente algo de alivio haciéndote sentir culpable. No es un método muy bueno, ¿verdad?"

Cenicienta se relajó ante la explicación de su protectora. "Gracias. Me siento un poco mejor.

Estaba empezando a sentirme culpable al escuchar tu descripción del drama entre el príncipe y yo. No quiero ni pensar que él crea que me aprovecho de él".

"Lo sé", dijo el Hada Madrina con una actitud consoladora. "Por cierto, es probable que el príncipe quisiera hacer muchas de las cosas que te critica. Le gustaría que alguien cuidara de él. Tal vez quisiera dejar de cumplir con algunos de los deberes de proveedor. Tiene mucho que aprender respecto a su necesidad de dependencia y la forma en que la ignora. El príncipe ha desarrollado un mecanismo para enfrentarse a las situaciones y así manejar los sentimientos incómodos. Cuando empieza a sentirse intranquilo, se ocupa de algo y se mantiene en movimiento".

"De modo que ambos tenemos problemas de seguridad y respecto a recibir cuidados", resumió Cenicienta.

"Sí. Creo que ambos están buscando un nivel de seguridad más profundo, que brote de un sentimiento de seguridad interna. Ese tipo de seguridad sólo puede ser el resultado de ponerse en contacto con su esencia espiritual. En el príncipe, los patrones de conducta que demuestran dependencia excesiva y mediante los que busca una total seguridad, concuerdan con el patrón de conducta de sentirse atrapado y de alejarse emocionalmente. De hecho, son patrones recíprocos, se conectan entre sí.

Aunque no es muy agradable cuando estos patrones suben a la superficie, les proporcionan un medio para ayudarse mutuamente a elevar su nivel de conciencia. Cada uno representa a la perfección el comportamiento adecuado para 'poner en acción' a la otra persona impulsándola a niveles de conciencia más altos".

Cenicienta se puso de pie sacudiendo trocitos de césped de su vestido. "Realmente quiero tener seguridad interior", dijo decididamente. "Quiero ser fuerte como este roble".

El Hada Madrina tomó una bellota del suelo y se la dio a Cenicienta. "¿Por qué no guardas esta bellota como símbolo de la fuerza interna del roble?" Extendió la mano pidiéndole a Cenicienta que la ayudara a ponerse de pie. "La próxima vez que nos reunamos, hablaré más sobre este poder interior. Tengo información que darte respecto a la manera de construir un fuerte fundamento de autoestima. Si operamos a partir de una autoestima alta, nos es más fácil manejar nuestras inseguridades y nuestros pensamientos erróneos", prometió. "Llegará el momento en que ya no esperes que el príncipe cuide de ti. Tu habilidad para cuidarte se incrementará, aunque esto afectará el equilibrio de la relación por un tiempo. Entonces será necesario buscar un nuevo equilibrio con patrones de conducta más sanos para relacionarse. Sospecho que a la larga el príncipe percibirá tu creciente independencia de manera subconsciente, y sentirá que es seguro volver a acercarse a ti emocionalmente".

"Gracias por tu optimismo", rió Cenicienta con felicidad.

"Encuentro fascinante observar los patrones y los pasos de baile entre una pareja", dijo el Hada Madrina mientras regresaban al sendero del jardín. "Hay muchos patrones que debemos comprender y sanar. A la larga, tú y el príncipe se darán cuenta de que son seres plenos y completos y que crearon una relación por elección propia. La relación es el vehículo que los transporta a este nivel de conciencia y los apoya en su camino individual en la vida".

"¡Que proceso tan fascinante!" dijo Cenicienta. Ambas se rieron. El que Cenicienta usara la palabra *proceso* demostró que su nivel de conciencia ya se había elevado en forma considerable.

"Me siento cansada", suspiró la princesa. "Ya tengo suficiente en qué pensar. Pero me gustaría tener un tema sobre el cual escribir en mi diario. Por favor dame algo que me ayude a concentrarme en las ideas que acabas de describir y que me ayude a usarlas".

"Buena idea. Anota esto en tu diario", dijo el Hada Madrina. Le dictó tres preguntas mientras caminaban hacia el castillo.

1. Observa los problemas que estás experimentando y los patrones que se repiten, y úsalos

para describir las lecciones con que estás trabajando en la vida.

2. Haz una lista de las lecciones recíprocas en que tú y tu pareja están trabajando y explica cómo se complementan.
3. Haz una lista de las lecciones que ya has aprendido con tu pareja.

Puntos de reflexión para el Capítulo 5

1. La vida es un proceso. Nunca se llega "al final".

   No tengas tanta prisa para resolver tus problemas que se te escape el momento presente. Justo cuando crees que has llegado al final, descubrirás nuevos factores y querrás establecer nuevas metas. De modo que debes recordar que el momento presente es lo más importante. El proceso de la vida es más importante que la meta. La satisfacción brota de disfrutar el "aquí y el ahora" mientras avanzamos hacia nuestras metas.

2. Cuando estás en un ciclo de crecimiento rápido, puedes esperar tener cambios dramáticos en tu estado de ánimo y en tus actitudes.

   Tal vez te involucres mucho en el proceso de curación por un tiempo y logres un alto nivel de comprensión y de cambio. Luego, sin advertencia, podrías sentirte muy frustrada y resistirte ante todo el proceso. Es el momento de hacer una pausa y descansar por un momento.

3. Uno de los propósitos de una relación es enseñar a las personas algo sobre sí mismas, con el propósito de ayudar a ambos miembros de la pareja a lograr un nivel de conciencia más alto.

4. Los conflictos del pasado que no se han resuelto se harán evidentes en la relación.

   Son oportunidades para identificar los aspectos que requieren crecimiento. No todas las parejas son capaces de enfrentarse a los cambios que genera un creciente nivel de conciencia y una mayor libertad de los condicionamientos del pasado. En ocasiones un miembro de la pareja crece y cambia mientras el otro sigue estando indispuesto o incapaz de hacerlo.

5. El drama marital es como una danza.

   Al principio, la mayoría de las personas sienten ser víctimas de las características y comportamientos de su pareja que les desagradan. Este papel de víctima se abandona de buena voluntad cuando se reconocen las lecciones que hay que aprender y se toma responsabilidad por ellas. Cuando uno o ambos miembros de la pareja toman conciencia de la danza, pueden arriesgarse a intentar nuevos pasos y la danza cambia.

Preguntas para el diario

Te aconsejo que abras tu diario y escribas cualquier pensamiento o sentimiento que haya surgido mientras leías este capítulo. Contesta las preguntas que se le dieron a Cenicienta. Además, describe las situaciones de tu relación que tú y tu pareja han decidido dejar de comentar. Son la clave para identificar los aspectos que no han sanado y son oportunidades para sanar.

Capítulo 6

Una introducción al poder personal

El Hada Madrina llegó al jardín cuando Cenicienta estaba charlando con mucha animación con uno de los jardineros del castillo. La princesa la saludó y le indicó, con un ademán, que en un momento se reuniría con ella junto a la mesa de la alcoba.

El Hada aprovechó el momento para rociar las caléndulas con polvo mágico lo que hizo cambiar su color a rojo, luego a violeta, luego a azul y finalmente regresaron a su amarillo natural. Estaba a punto de volverlas plateadas cuando Cenicienta atravesó la cortina de madreselva y caminó rápidamente hacia la mesa. El Hada Madrina escondió de inmediato su polvo mágico y recibió a Cenicienta con los brazos abiertos. Su abrazo las llenó a ambas de calidez y cariño.

"Gosford y yo estamos planeando un nuevo invernadero en el que sólo tendremos orquídeas", dijo irradiando una gracia que el Hada Madrina no había visto antes.

"Aprender sobre mi misma me da una energía sorprendente, y hay mucho que conocer en mi interior. Respondí a tus preguntas anoche y de inmediato se me ocurrieron otras cosas que debía preguntarme".

El Hada Madrina se sintió complacida. Había estado observando a Cenicienta durante muchos años, esperando el momento oportuno para guiarla a un conocimiento más profundo y a un mayor dominio de sí misma. Finalmente, la princesa era capaz de concentrarse en ella misma en lugar de pensar que sus problemas brotaban de su relación con el Príncipe. Este era un paso muy importante.

"Bueno, estoy lista para más lecciones", declaró Cenicienta mientras ambas se sentaban frente a la mesa.

"¿Estás segura?", rió el Hada Madrina. Cenicienta había reflejado un enfoque inocente y directo que le pareció cautivador. "De hecho, hoy te tengo una lección muy especial. Es posible que sea la información más importante de la que hablemos".

"¿Cuál es?", preguntó Cenicienta.

"Quiero que entiendas tu poder personal", respondió el Hada.

Cenicienta se desanimó un poco. "En realidad no me agrada la palabra *poder* y me asusta pensar que soy poderosa como persona".

"Lo sé, y esa es exactamente la razón de que esta información sea tan importante. Sólo escúchame por un momento y permanece abierta a lo que tengo que decir", dijo el Hada.

"No me opongo. Soy toda oídos", sonrió Cenicienta, acercando su silla a la mesa.

"Tú, *y sólo tú*, estás a cargo de tu vida", empezó el Hada Madrina. "Ahora que eres una persona adulta, eres responsable de todas las elecciones que hagas en la vida, incluso de las que haces de manera inconsciente o de las que crees que otros, por ejemplo, tu esposo, hacen por ti".

"Eliges basándote en tu sistema de creencias. De hecho, tienes un conjunto de creencias que te guían en la vida. Funcionan como reglas. Sin embargo muchas de ellas son creencias falsas que necesitan actualizarse para que te sientas mejor emocionalmente. Por ejemplo, eliges muchas cosas basándote en la creencia de que debes ceder ante los deseos del príncipe en lo que se refiere a tu tiempo y tus actividades".

"Crees que el estilo de vida que ahora tienes, que esta riqueza y comodidad, son el resultado directo de que él te haya elegido como su pareja perfecta. Crees, a un nivel muy profundo, que sin él, no tendrías un esposo ni tendrías un estilo de vida lujoso; crees que sin él estarías indefensa y que sin su amor no valdrías nada".

"Tal vez es cierto", asintió Cenicienta. "Y supongo que me quieres decir que soy poderosa por mi misma, con o sin la presencia del Príncipe en mi vida. Tengo derecho a elegir pero nunca me he dado permiso de hacerlo".

"Sí. Eso es precisamente lo que quiero decir. Y creo que mientras estemos trabajando juntas, decidirás volver a escribir muchas de tus creencias que son limitantes. Lo que me trae al tema de la autoestima". La fuerza con que el Hada Madrina dijo estas palabras no dejó lugar a dudas de que el clímax de la lección estaba cerca.

"Tu autoestima, que es la verdadera base de tu vida, es un reflejo de cuánto amas y aceptas lo que en verdad eres. Cuando digo 'lo que en verdad eres' no me refiero a la niña condicionada de tu infancia, tampoco a tus acciones ni a lo que crees que *deberías* ser. Tu verdadero ser es tu *esencia espiritual*; lo que eres en lo profundo de tu ser, a nivel espiritual. Sólo *tú* puedes ser tú. Tu tarea es recordar el plano de tu alma y expresarlo lo mejor que puedas. Al crecer en tu nivel de conciencia, aprenderás que tienes el poder personal para vivir una vida abundante, creativa, llena de amor y de emociones; con o sin el Príncipe".

Cenicienta asintió lentamente. "Eso parece una tarea monumental, pero me da una mayor comprensión de lo que quieres decir con poder personal.

Tenía miedo de que tal vez quisieras que me volviera atrevida y agresiva, lo que no va de acuerdo con mi personalidad. Ser exactamente lo que se me creo para ser me parece perfecto. Supongo que ahora me dirás cómo hacerlo".

"Me alegra que hayas podido captar el mensaje sin quedarte atorada en las palabras", dijo el Hada. "Para empezar, me gustaría explicarte más sobre la autoestima. Después podremos analizar algunas de las creencias que te impiden tener una autoestima saludable. Finalmente, me gustaría que te familiarizaras con algunas señales de autoestima baja y alta".

"Está bien", respondió Cenicienta. "Empecemos".

"Como dije, autoestima es tu manera de sentirte respecto a ti misma. De forma consciente o inconsciente *te* mandas pensamientos y opiniones *respecto* a ti misma. Estos pensamientos pueden ser correctos y pueden ayudarte, o pueden ser falsos y dañarte. Para construir la autoestima, necesitas pensar y decirte, mentalmente y en forma consciente, cosas positivas y honestas. Es posible que te estés diciendo cosas negativas y sepas a lo que me refiero. Es posible que hayas aceptado internamente las palabras de personas de tu pasado, muchas de las cuales son dañinas", explicó el Hada Madrina.

"Tienes razón, creo que lo he hecho", dijo Cenicienta. "Claramente escucho a mi madrastra decir: 'No mereces ser princesa. Eso no durará. El Príncipe Encantado no está verdaderamente enamorado de ti. No eres lo bastante buena para estar en la realeza, deberías estar limpiando pisos. Tu matrimonio no va a durar. Él se cansará de ti en cuanto descubra cómo eres en realidad'. Solía enfurecerme con ella por decirme cosas tan crueles, pero muy en el fondo pensaba que tal vez tenía razón. Siempre dudé de mi misma. Supongo que el recuerdo de las muestras de cariño de mi madre se ha debilitado demasiado para superar la horrible opinión que mi madrastra tiene de mi".

"Ese es un buen ejemplo", respondió el Hada. "Sin darte cuenta, esas palabras dañinas de tu madrastra han estado vivas en tu mente, ejerciendo influencia sobre todo lo que creas en tu vida. Por desgracia, mientras una parte de ti crea en lo que ella dijo, te sentirás indigna de recibir más de tu relación. Creerás que no lo mereces".

Lentamente añadió: "La buena noticia es que estás en un punto de tu vida en que puedes re-programar tu mente subconsciente, como si le dieras *nuevos padres*. Puedes corregir esas creencias, suposiciones y mensajes incorrectos que te mandas a ti misma".

"¿Cómo lo hago?"

"Empieza fijándote en la forma en que hablas de ti misma. Empieza a escribir las declaraciones y frases que escuchas mentalmente y que sospechas que no son verdaderas ni benéficas para ti. Luego redáctalas, por escrito, en otra forma. Las declaraciones revisadas se llaman *afirmaciones*. Para sanar tu conciencia herida, debes decirte estas afirmaciones muchas veces y con toda la fuerza de tu corazón", explicó el Hada Madrina.

"Dame un ejemplo, por favor", dijo Cenicienta.

"Muy bien. Tomemos el enunciado: 'No merezco todo lo que el Príncipe me da' o 'no soy lo bastante buena para el Príncipe Encantado'. Cámbialos por 'Merezco amor sin importar qué haya pasado' y 'soy una persona buena y valiosa'. Se necesitan muchas repeticiones para transformar las creencias negativas en creencias positivas. Este enfoque te dará poder y te ayudará a tomar decisiones basadas en un sistema de creencias más fuerte y más saludable. Tienes que ser como un detective para descubrir las creencias falsas que guían tu conciencia. En ocasiones es difícil ubicarlas, y es posible que a veces necesites ayuda. También tienes muchas creencias que necesitan fortalecerse".

"Esta es una tarea que requiere vigilancia", respondió Cenicienta pensativa, "y creo que tengo esa cualidad. Dime más".

"Ahora estás hablando desde la sede de tu poder", dijo alegremente el Hada y ambas se rieron satisfechas.

"Lo estoy captando", sonrió Cenicienta.

"Ahora voy a darte una lista muy importante que define algunas características que miden tu autoestima. Reconocerás algunas de ellas; las has visto en ti misma y en otros. Cualquier pensamiento, sentimiento o acción extremos indican la presencia de una baja autoestima". Hizo que apareciera una hoja de papel con la siguiente lista:

Señales de una autoestima baja

- Culparte y criticar, o humillar constantemente a otros culpándolos, censurándolos, avergonzándolos, encontrándoles defectos o murmurando contra ellos.
- Tener excesos o deficiencias en tus logros, en lo que comes, en tu trabajo, en tu manera de actuar.
- Quedarte como víctima, justificarte diciendo que las circunstancias externas son la causa de tus problemas.
- No tomar responsabilidad por tu propia vida; pasando el poder a otra persona para que tome decisiones por ti, y luego sentirte víctima de resultados que no son de nuestro agrado.
- Tomar demasiada responsabilidad por la vida de otros; dominarlos y tomar decisiones por ellos.
- Temer al cambio y negarte a correr riesgos; o a menudo arriesgarte demasiado irreflexivamente; tomar riesgos peligrosos y poco prudentes.

- Una constante actitud negativa, o ser tan optimista que niegas la realidad.
- Reaccionar a los demás con emoción extrema o sin emoción.
- Tener un comportamiento presumido, arrogante ante los demás, o ser incapaz de mantener la integridad propia al interactuar con ellos.
- Reclamar que estás en lo "correcto", necesitar el acuerdo de otros o actuar según tus deseos la mayor parte del tiempo, o bien ceder constantemente ante los deseos y opiniones de otros.
- Compararte constantemente con los demás; sentirte inferior o superior.
- Blanco y negro; una manera de pensar extremista. Por ejemplo, pensar que el comportamiento de una persona la hace buena y valiosa o mala e indigna.
- Vivir a partir del miedo, el terror o el pánico.
- Hablar repitiendo mucho palabras como "debería", "podría haber sido", "si pudiera", "pero..."
- Interpretar las palabras o acciones hirientes de otros como prueba de que no vales nada.

"Puedo ver muchas de estas características en mí", dijo Cenicienta pensativa. "Mi madrastra debe tener una pésima autoestima. Creo que tiene todas estas características y algunas más".

"Sí, Cenicienta, tienes razón", dijo el Hada Madrina.

"Supongo que debería tener compasión de ella", añadió la princesa.

El Hada Madrina asintió entregándole otra hoja de papel y pacientemente observó cómo la leía.

Señales de una autoestima alta

- Tener un punto interno de control, recibir "aprobación" desde tu interior.
- Cuidar de ti misma física, emocional, mental y espiritualmente.
- Tener la habilidad de equilibrar todo extremo en tus pensamientos, sentimientos y comportamientos; y cuando se desequilibren, llevar a cabo la acción necesaria para corregirlo.
- Aprender de tus errores y ser capaz de decir: "cometí un error, lo siento".
- Vivir la vida con responsabilidad.
- Respetar las diferencias individuales entre las personas.
- Escuchar los puntos de vista de otros.
- Ser capaz de escuchar la sabiduría de tu ser interno, es decir de tu intuición, y actuar según te guíe.

- Tener respeto por ti misma, confianza en ti misma y aceptación de ti misma.
- Estar consciente de tus puntos fuertes y de tus puntos débiles.
- Estar dispuesta a trabajar en tu mejoramiento personal y a tomar riesgos positivos.
- Tener equilibrio entre el ser y el hacer.
- Sentir cariño y calidez hacia ti misma.
- Ser capaz de dar y recibir amor.

Cuando Cenicienta acabó de leer, el Hada Madrina continuó: "En resumen, una autoestima alta es un sentimiento de aceptación total y de amor por ti misma *tal como eres*. Significa respetarte y valorarte como un ser humano valioso. Significa ver tus cualidades positivas y las que no son tan positivas con honestidad. Y significa cuidarte y nutrirte de modo que puedas crecer y llegar a ser todo lo que eres capaz de ser. Una autoestima alta es un lugar tranquilo y cómodo donde puedes disfrutar y aceptar lo que en realidad eres".

El Hada Madrina alejó su silla de la mesa y cruzó las manos sobre su regazo. Las dos se sentaron en silencio por unos minutos.

"Antes de irme", dijo el Hada, poniéndose de pie, "quiero darte un instrumento que te ayudará a comprender más la autoestima. Se llama Inventario de Autoestima. Cada una de sus veinticinco preguntas tiene el propósito de catalizar tu pensamiento. También se pueden usar como excelentes afirmaciones para actualizar tu sistema de creencias. Tal vez quieras escribir algo en tu diario sobre las áreas en que tus cifras sean bajas. Copiar las frases en pequeños trozos de papel y pegarlos por todo el castillo como recordatorios que puedes repetir a menudo, también sería una buena técnica. Quiero que dediques varios días a trabajar en estas ideas antes de que nos volvamos a ver".

"Está bien, dedicaré algo de tiempo a esto en los próximos días", prometió Cenicienta. "Esta fue una lección poco usual. Me imagino que la información será muy útil cuando volvamos a hablar de mi relación con el príncipe".

El Hada Madrina sonrió, dándose cuenta de que seguía siendo más fácil para Cenicienta concentrarse en el príncipe y en su relación con él que en sí misma. Le dio el Inventario de Autoestima, programó una reunión para la semana siguiente, le mandó un beso y desapareció.

Cenicienta se sentó en el jardín y empezó a reflexionar sobre sus respuestas al Inventario de Autoestima.

Inventario de autoestima de Harrill

Califícate en una escala del 0 al 4, de acuerdo a tus sentimientos y comportamientos actuales:

Calificación	Declaraciones de autoestima
___________	1. Me acepto y me agrado como soy en este momento, en mi proceso de crecimiento y evolución.
___________	2. Soy valiosa simplemente por lo que soy, no por lo que hago. No tengo que ganarme el ser valiosa.
___________	3. Respondo a mis necesidades antes de responder a las necesidades de otros. Equilibro mis necesidades con las de mi pareja y las de mi familia.
___________	4. Me es fácil dejar ir los sentimientos negativos cuando otras personas me culpan o me critican.
___________	5. Siempre me digo la verdad respecto a lo que estoy sintiendo.
___________	6. No soy comparable y dejo de compararme con otras personas.

_____________ 7. Otras personas me consideran valiosa, sin importar cómo me desempeñe, cuál sea mi apariencia, mi coeficiente de inteligencia, mis logros o mis posesiones (o el hecho de que no las tenga).

_____________ 8. Tomo responsabilidad por mis sentimientos, pensamientos, emociones y acciones. No atribuyo a otros, ni los culpo, por la forma en que me siento o en que pienso, ni por lo que hago.

_____________ 9. Aprendo y crezco con mis errores, en lugar de usarlos para confirmar lo poco que valgo.

_____________ 10. Me nutro con pensamientos amables que me apoyan.

_____________ 11. Me amo, me respeto y me honro.

_____________ 12. Acepto a las demás personas tal como son, aunque no satisfagan mis expectativas, y aunque no me agrade su comportamiento o sus creencias.

_____________ 13. No soy responsable por las acciones, necesidades, pensamientos, estados de ánimo o sentimientos de otros; sólo de los míos (excepto en lo que se refiere a mis hijos).

__________ 14. Soy la fuente de mis propios sentimientos y pensamientos, aunque quienes me rodean piensen y sientan diferente.

__________ 15. Soy bondadosa conmigo misma y no uso frases con "debería" y "debo" para humillarme con juicios respecto a mi valía.

__________ 16. Permito que otros tengan su propia interpretación y experiencia de mi persona y me doy cuenta de que no puedo controlar las percepciones u opiniones que tengan de mí.

__________ 17. Me enfrento a mis temores e inseguridades y doy los pasos necesarios para sanar y crecer.

__________ 18. Me perdono y perdono a otros por errores cometidos y por no estar conscientes.

__________ 19. Acepto responsabilidad por mi manera de percibir a otros y mi respuesta a ella.

__________ 20. No domino a otros ni permito que otros me dominen.

__________ 21. Soy mi propia autoridad. Tomo decisiones con la intención de apoyar mis intereses y los de otros.

__________ 22. Le encuentro significado a la vida y tengo un propósito en la vida.

______ 23. Equilibro el dar y el recibir en mi vida. He establecido límites adecuados entre mi persona y los demás.

______ 24. Soy responsable de cambiar lo que no me gusta en mi vida.

______ 25. Elijo amar y respetar a todos los seres humanos, sin tomar en cuenta sus creencias ni sus acciones. Puedo amar a otros sin necesidad de tener una relación activa con ellos.

Esto no es un examen. Tampoco es una medida precisa de la autoestima. Su propósito es identificar las creencias que afectan tu autoestima y que tal vez necesiten modificarse. No hagas juicios al calificarte. Considera la posibilidad de ver estos indicadores cada seis meses para medir tu progreso. Las cifras bajas indican creencias y patrones que podrían impedir que te amaras y que te sintieras bien respecto a ti misma. Todas estas declaraciones se podrían utilizar como afirmaciones. Para cambiar las creencias negativas, repítete las declaraciones con regularidad. Usa cada indicador para ayudarte a entender también a otras personas. Si reconoces que una persona, cuyo comportamiento te parece inaceptable, tiene problemas de autoestima, te será más fácil tenerle compasión y perdonarla.

Puntos de reflexión en el Capítulo 6

1. El poder personal brota de un sólido fundamento de autoestima y requiere que tomes responsabilidad por tu vida.

   Eres responsable de las elecciones que hagas, incluso de aquellas que haces inconscientemente o que atribuyes a otros.

2. Eliges consciente e inconscientemente basándote en tu sistema de creencias.

   Muchas creencias que te sirven de guía no tienen valor o son inmaduras, y sin embargo afectan tus elecciones y los resultados cotidianos que experimentas. Las creencias del pasado deben actualizarse.

3. El poder de uno mismo se construye sobre los cimientos de una autoestima saludable.

   Los pensamientos, sentimientos y comportamientos extremos son señal de una autoestima deficiente. La autoestima alta es un estado tranquilo y cómodo en que disfrutamos y aceptamos lo que somos. Se caracteriza por la congruencia entre nuestro estado interno y nuestro estado externo.

   Es importante que aprendas a amarte, a aceptarte y a tomar responsabilidad por tu nivel de conciencia. El Inventario de Autoestima es un medio para analizar las creencias que están afectando tu autoestima. Para mejorar tu manera de sentirte respecto a ti misma, debes actualizar tus creencias negativas.

4. Toma conciencia de lo que te dices a ti misma. Reemplaza las declaraciones negativas con declaraciones positivas, y háblate en un tono amable, cariñoso y de apoyo.

   Crea afirmaciones positivas para actualizar las creencias que te guían y repítelas con regularidad para re-programar tu mente subconsciente. Las afirmaciones reemplazarán gradualmente al condicionamiento negativo de tu infancia que ha llegado a tu interior en forma de comentarios negativos que te haz hecho a ti misma. Al mejorar tus creencias respecto a ti misma, también mejorarán tus sentimientos respecto a ti.

5. En realidad no eres tu identidad condicionada del pasado, ni la persona que crees que deberías ser. La persona única que eres en realidad es una manifestación de tu esencia espiritual, del tú verdadero.

Preguntas para el diario

Después de hacer y de calificar el Inventario de Autoestima, escribe tus pensamientos y sentimientos respecto a las áreas en que te calificaste con cifras bajas.

Capítulo 7

Espejos y polaridades

Era evidente que las últimas semanas habían sido buenas para Cenicienta. Su alegría era contagiosa, y muy pronto todo el personal del castillo esperaba emocionado cada visita del Hada Madrina. Era obvio para todos que la princesa se beneficiaba de la compañía del Hada que cuidaba de ella y la nutría.

Cenicienta estaba empezando a comprender el impacto de muchas de las experiencias de su vida. Algo del dolor que le habían causado todavía merodeaba en su interior, pero en cierta forma eso ya no tenía mucha importancia porque Cenicienta estaba entendiendo las lecciones que había detrás de cada experiencia dolorosa. Estaba contemplando un panorama mucho mayor respecto a la forma en que opera la vida, y estaba guardando en su interior las ideas y la información que le estaban ayudando a sanar y a cambiar. Esto hacía que el dolor fuera soportable.

La inagotable energía de Cenicienta y el hecho de haberse puesto de nuevo en contacto con la vida, tenía una influencia positiva en todo y en todos. En todos, excepto en su esposo, el Príncipe Encantado.

El Hada Madrina trató de ayudar a su protegida a comprender que el príncipe encontraba difícil aceptar a una esposa feliz y entusiasta.

"Nuestra lección de hoy tiene que ver con relacionarte emocionalmente con tu esposo", empezó a decir el Hada, mientras se arrellanaba en su silla frente a la mesa de la alcoba.

Cenicienta seguía arrancando flores secas de las plantas que había en la alcoba. "Bueno", respondió con firmeza sin levantar la vista. "En realidad me confunde. Hasta hace poco, me sentía desdichada, incluso deprimida, prácticamente respecto a todo. Ahora que he empezado a reírme de nuevo y a relacionarme con todo el mundo, el príncipe me mira con dureza y se aleja. No lo entiendo. Pensé que él, más que nadie, se sentiría feliz de ver que he vuelto a ser feliz".

Despreocupadamente, la princesa lanzó al aire un puño de pétalos de camelia, proclamando: "¡*Soy* feliz! De hecho, la mayor parte del tiempo me siento tan bien por dentro que bailo y canto". Lo demostró con una serie de pasos rápidos y una pirueta. "Las personas que trabajan en el castillo me dicen que me veo de maravilla. Luego paso algo de tiempo con el príncipe, y por alguna razón que no entiendo, me alejo de él sintiéndome triste y desanimada". Cenicienta se dejó caer en una silla y su estado de ánimo cambió de pronto. Sus ojos se llenaron de lágrimas y recordó en silencio lo que había ocurrido la noche anterior.

"¿Lo ves? Estoy empezando a llorar. Me siento llena de júbilo un momento y al siguiente me lleno de tristeza. Hace varias noches, traté de explicarle al príncipe algunas de las ideas que he estado aprendiendo de ti. Le dije que estoy trabajando para llegar a ser más independiente y no necesitarlo tanto, pero no le interesó. Claro que dijo que sí le interesaba, pero en realidad no me estaba escuchando. Fue cortés, pero no dejaba de ver el reloj de arena y de inclinarse hacia la puerta. Desde entonces, cada vez que el príncipe y yo estamos juntos y he abordado el tema de mis experiencias contigo, los resultados han sido los mismos. Me dijiste que lo hiciera en forma gradual, pero esto es ridículo. Sólo le he dicho muy poco, pero es obvio que es demasiado para él".

"Está bien. Al menos ya sabe que algo está sucediendo. Es mejor comunicarse mal que mantenerlo totalmente ignorante del asunto".

"Bueno, debo estar haciéndolo muy mal", suspiró Cenicienta. "Me dijo que vendría al jardín, pero te advierto que había muy poco entusiasmo en su voz y no podrá organizar sus actividades para venir sino hasta dentro de una semana o más. Eso me desilusiona, porque quiero que le expliques estas ideas lo más pronto posible".

"Entiendo tu necesidad de hacer que las cosas avancen, pero es una gran noticia que esté dispuesto a venir. De todos modos podemos seguir con *tus* lecciones", sonrió el Hada Madrina. "¿Quieres entender más lo que está ocurriendo en ti y en tu relación? Todavía tengo mucho que enseñarte".

"¡Claro que sí!" exclamó Cenicienta, animada por la posibilidad de tener mayor comprensión.

"Para empezar, hablemos de tu estado emocional", dijo el Hada. "Cuando permites que tus sentimientos de depresión se manifiesten, muchos sentimientos negativos del pasado que no se resolvieron aflorarán en tu nivel de conciencia. Te pido que reconozcas estos sentimientos, que llores por su causa y que los dejes ir".

El Hada Madrina miró a Cenicienta directamente a los ojos por unos momentos antes de continuar: "Ahora quiero asegurarte que vas muy bien. A veces, durante el proceso de curación, puedes sentir que te estás volviendo loca, pero nada está más lejos de la verdad. Es muy valioso permitir que la mente inconsciente haga aflorar los sentimientos, recuerdos, pensamientos y experiencias del pasado que no se han resuelto, aunque eso cause una angustia y desorientación momentánea. También es natural que te sientas alegre un minuto por haber logrado un poco más de comprensión de ti misma, y que poco después llores al recordar alguna lesión emocional del pasado".

Una ola de confianza suavizó la mirada de Cenicienta mientras escuchaba esto. Su gentil protectora realmente entendía el sube y baja de emociones que estaba experimentando.

"Cuando hables de dolor emocional en nuestras conversaciones, dejaré de enseñarte y sólo te escucharé", prometió el Hada Madrina. "Entre sesiones, cuando te sientas molesta, enojada, triste o confundida, simplemente experimenta esas emociones. Escribe tus reacciones, pensamientos y sentimientos en tu diario; eso te ayudará a pasar a través de la experiencia. Si estás ocupada con Marcos y Mandy, espera a que se duerman y luego escribe... o róbate unos momentos cuando ellos estén jugando con el príncipe. En ocasiones las emociones que nos molestan se presentan en momentos muy inoportunos, pero existen formas eficaces de manejarlas. Por ejemplo, si empiezas a sentirte triste durante un evento social, puedes decirte: 'Pondré atención a mi tristeza esta noche o mañana, cuando esté sola'. Esta técnica puede ayudarte a responder a las demandas de la vida diaria. Cuando los deberes públicos te llaman, manda las emociones difíciles a la sala de espera. Si tu mente subconsciente ha aprendido que más tarde expresarás tus sentimientos no resueltos y que los escribirás en tu diario, te obedecerá. Si rompes este acuerdo, podrías ponerte a llorar en momentos inadecuados y no serías capaz de posponer el momento de ponerles atención. Sé buena contigo misma. Pasa el tiempo necesario en este proceso para poder sanar", advirtió el Hada.

Cenicienta respiró profundamente y dijo: "Lo haré. ¿Cuánto tiempo crees que me llevará sanar emocionalmente, un par de meses?"

El Hada Madrina sonrió desconsolada. "De nuevo estás tratando de negociar un curso intensivo. Este proceso tarda lo que tiene que tardar. No juzgues la velocidad con la que sanas. Algunas personas lo logran en uno o dos años, otras necesitan toda una vida".

"Bueno, ciertamente no puedo estar haciendo esto durante años", respondió Cenicienta con impaciencia.

"Sólo quiero que sepas que estaré contigo para darte mi cariño y guiarte durante el tiempo que me necesites", dijo el Hada para consolarla, ignorando la impaciencia de Cenicienta. "Así que regresemos y aprendamos más sobre el matrimonio y las relaciones, ¿de acuerdo?"

"Sí. Estoy lista para más enseñanzas tuyas".

El Hada Madrina cerró los ojos durante unos minutos de contemplación antes de seguir adelante con la lección de la sesión anterior. "Recuerda, Cenicienta, que el matrimonio es el lugar perfecto para elevar los niveles de conciencia. Proporciona las condiciones necesarias para expandir la conciencia de uno mismo y avanzar en el trayecto espiritual. En el matrimonio tienes automáticamente un espejo que te muestra las características y cualidades que no quieres ver en ti misma. La mayoría de los seres humanos no se dan cuenta de que se protegen proyectando hacia otros los aspectos de ellos mismos que no pueden sentir como propios o aceptar. Una manera de reconocer los aspectos inconscientes de tu personalidad, es observarte mientras observas a otros. Nota qué es lo que te hace reaccionar, tanto en forma positiva como negativa. No podrás reconocer algo en otro a menos que ya exista en ti en cierta medida. Considera, por ejemplo, la percepción del príncipe de que tú necesitas demasiada atención. Supongo que él también desearía algo más de atención. Pero como no valora la conciencia emocional, no es capaz de reconocer sus sentimientos de necesidad y sus deseos de cuidado. Se podría añadir que son deseos que todos los seres humanos experimentan alguna vez. Hace mucho, siendo muy joven, el príncipe decidió que el precio de volverse dependiente en el campo emocional era demasiado. ¿Recuerdas el amor sofocante que le dio su madre?"

"Sí, hemos hablado de su relación con su madre", dijo Cenicienta. "Y dice que le es más fácil reconocer y criticar mi necesidad de atención que enfrentarse a la suya".

El Hada Madrina asintió enfáticamente. "Proyecta su necesidad en ti, y no reconoce como propio ese aspecto de sí mismo. Juzga que tener necesidades es una característica negativa, y por lo tanto se esfuerza tanto como puede por ocultarla de sí".

"La ironía es que lo que las personas desprecian y denuncian en otros es en realidad un aspecto de ellas mismas que les desagrada, que niegan o que temen", dijo el Hada con una actitud de autoridad compasiva. "Ten en cuenta que en ocasiones es difícil esto. Como hemos visto, la verdad en ocasiones tiene maneras de revelarse mediante realidades opuestas y mediante símbolos. Por ejemplo, ¿por qué te molesta tanto que el príncipe pase tanto tiempo divirtiéndose fuera de palacio?"

Cenicienta suspiró tristemente, "porque no pasa ese tiempo conmigo".

"En parte es eso. Profundiza más y ve que más hay ahí".

Cenicienta se quedó en silencio unos minutos antes de responder lentamente: "Creo que en un nivel profundo, yo también quisiera tener un trabajo importante. Tal vez estoy aburrida del papel que acepté. Verme hermosa y asegurarme de que el castillo está en perfecto orden, ocupan mi tiempo, pero no son desafíos interesantes. Me gustaría hacer algo creativo, aparte de mi papel como madre, esposa y administradora del castillo".

Cenicienta dudó un poco, así que el Hada intervino: "Excelente. Cuanto más completamente te conozcas, descubrirás impulsos y capacidades creativos que están a punto de surgir y buscar expresarse. Al responder a esos impulsos, empezarás a desarrollar, por ti misma, actividades valiosas y satisfactorias. Y cuando te ocupes de actividades que signifiquen algo para ti, no pondrás mucha atención a lo que el príncipe hace cuando ustedes no están juntos. En esas ocasiones, la emoción que generan sus respectivas tareas creativas les aportarán mucho que compartir".

"Pero no quiero sacrificar el poco tiempo que tengo con el príncipe. Los buenos momentos son tan pocos y tan separados entre sí. Si estoy ocupada, lo voy a ver aún menos", dijo Cenicienta con un gesto de preocupación.

"Tienes razón, es posible que los encuentros físicos sean menos frecuentas que en la actualidad. Creo que descubrirás que eso no tiene nada de malo, ya que los momentos que pasen juntos tendrán mucha más calidad. No sólo se basarán en responder al romanticismo, como en el principio de la relación, y tampoco estarán llenos de discusiones, como lo están en esta segunda etapa. Tú y el príncipe tendrán mucho de que hablar ya que ambos tendrán nuevas experiencias que compartir", explicó el Hada.

Cenicienta se puso de pie y empezó a caminar lentamente alrededor de la mesa, escuchando con atención lo que decía su Madrina: "Agrega una amiga íntima a tu vida, alguien con intereses similares a los tuyos y similar nivel de conciencia; así olvidarás sentirte deprimida y desanimada cuando el príncipe no muestre mucho interés en escucharte hablar de los detalles de tu vida. El príncipe estará más contento también, ya que no tendrá que oír un informe detallado de los pequeños sucesos de cada día. Cuando el príncipe se libere de tener que responder a esta necesidad tuya, la relación será menos tensa".

"Cuando soy honesta conmigo misma, considero que parte de mi necesidad de atención es en realidad una manifestación de aburrimiento. Es probable que si estuviera más ocupada con amigas o con actividades propias, como las que me sugieres, les sería más fácil a otros vivir conmigo", dijo Cenicienta. "Si eso es cierto, entonces es probable que también esté proyectando hacia mi esposo otras cosas".

"Sí", sonrió el Hada, "estaba yo a punto de hablar de eso. El otro día te pedí que dedicaras algo de tiempo a escribir lo que te gusta y te disgusta del Príncipe. Si utilizas tu comprensión de los espejos y la proyección, eso te ayudará a ver con claridad cómo estas listas te describen a *ti* tanto como al príncipe".

"¡Ah! Tenías otro motivo para asignarme esa tarea", dijo Cenicienta, fingiendo indignación.

"En parte, sí. Pero no la oculté mucho tiempo. Creo que descubrirás que este proceso te ayudará a elevar tu nivel de conciencia", dijo el Hada. "Las partes de ti que no consideras propias o que niegas, se han proyectado hacia el príncipe. Corrige algunos puntos en ti misma y te garantizo que verás a tu esposo en forma diferente. Tal vez él cambie, pero aunque no cambiara, dejarás de reaccionar a las cosas que ahora te molestan".

El Hada Madrina continuó: "Este proceso también puede ayudarte a comprender, a sanar y a integrar las experiencias de tu primera infancia. Lo que te fue difícil entender o manejar cuando eras niña, se reproduce ahora con el príncipe. De manera inconsciente, las personas encuentran parejas que tienen algunas de las características de sus padres o tutores. Los aspectos negativos que observas en el Príncipe te indican las zonas en que se necesitan nuevos pasos de baile y nuevas pautas de pensamiento y de comportamiento. Recuerda que uno de los temas de tu infancia fue que no se te cuidó emocionalmente. Ese tema se refuerza siempre que el príncipe se aleja de ti en el aspecto emocional. Al paso del tiempo, podrás tener el poder de construir tu autoestima y nutrir los aspectos de ti misma que fueron lesionados en tu infancia. Si el príncipe se diera cuenta de que él también tiene mucho que sanar, el escenario sería mucho mejor. Una vez que se ponga en contacto con sus necesidades y conflictos internos, y pueda nutrirse, le será más fácil reconocer cuando necesitas tú que alguien te nutra".

"Eso sería un sueño hecho realidad", dijo Cenicienta. Luego, sacudiendo la cabeza, dijo: "Es impactante darnos cuenta de la gran influencia que nuestros padres tuvieron en la elección de nuestra pareja marital y en las dinámicas de nuestra relación con ella. Apuesto que hasta las madrastras y los padrastros influyen".

El Hada asintió y continuó: "El matrimonio es el lugar perfecto para equilibrar las polaridades internas o los atributos que están en conflicto. Con frecuencia, las personas no ven estos conflictos internos hasta que su pareja representa el papel opuesto. Esto indica la necesidad de abrir un camino medio entre ambos extremos. Por ejemplo: cuando una esposa es muy enojona, el esposo puede desarrollar el hábito de permanecer en silencio durante las confrontaciones o desacuerdos. Al paso del tiempo, es posible que el esposo silencioso tenga que enfrentarse a su propio enojo y ya no permita que la esposa asuma y exprese el enojo de ambos. El término medio sería que el esposo silencioso aprendiera a expresar enojo cuando fuera apropiado, y que la esposa enojona aprendiera a tranquilizarse un poco. Otro ejemplo común se relaciona con el orden y el desorden. Aquí es fácil ver cómo el ceder un poco podría ayudar a restaurar el equilibrio de la relación".

Cenicienta se rió. "Me parece familiar. Al príncipe no le preocupa en absoluto dónde deja su ropa sucia en la noche y a menudo acaba en el piso de la recámara. Yo, por mi parte, no soporto ver cosas fuera de lugar. Ambos nos beneficiaríamos de encontrar un punto medio".

"Exactamente. Tal vez quieras escribir en tu diario cómo llegaste a ser tan ordenada, describiendo las diversas emociones que se presentan en relación a esto. Puedes aprender muy buenas lecciones observando detalles", explicó el Hada.

"¿Puedes darme otro ejemplo que se relacione con asuntos más profundos?", preguntó Cenicienta. "Lo entiendo, pero quiero profundizar el concepto un poco más".

"Por supuesto", respondió el Hada. "Hablemos de ti y de tu padre. ¿Crees que tu padre tuvo con tu madrastra el mismo tipo de relación que tú tuviste con ella siendo niña?"

"Claro que no. De haberla tenido, no habría podido seguir casado con ella", dijo Cenicienta.

"¡Muy bien! Eso es lo que quiero decir. Tu padre era un buen hombre y nunca te habría dejado bajo el cuidado de una mujer que te maltratara, si hubiera sido capaz de reconocer su naturaleza cruel y vengativa. ¿Por qué supones que no fue capaz de hacerlo?", preguntó el Hada Madrina.

"Bueno, si aplico el concepto de que somos espejos unos de otros y de que en ocasiones trabajamos a través de situaciones opuestas, debo llegar a la conclusión de que él no sospechó sus intenciones negativas porque nunca las experimentó", respondió Cenicienta. "Viajaba mucho, así que durante los cortos periodos que estaba en casa, ella se las arreglaba para engañarlo con apariencias de dulzura. En cuanto él se iba, la presa se rompía y ella explotaba".

Reflexionando sobre sus palabras, Cenicienta observó: "Debo tener algunas de las características de mi padre. No había considerado que mi madrastra me maltratara, hasta que empezaste a explicarme estas cosas. Supongo que yo también era muy ingenua".

"¡Muy bien, Cenicienta!" contestó el Hada, aplaudiendo con entusiasmo para reconocer el hecho de que Cenicienta estuviera desarrollando su perspicacia.

Ambas siguieron charlando sobre los diversos aspectos de la relación marital que Cenicienta y su esposo consideraban opuestos, y de su comportamiento en relación a ellos. Hablaron de formas de resolver estos conflictos y de encontrar un mayor equilibrio. A lo largo de la conversación, la actitud de Cenicienta se fue haciendo cada vez más seria. Finalmente dijo: "Hace rato dijiste que el entusiasmo y la depresión son polaridades, tal vez porque las ves en nosotros. Yo también las reconozco. Pero lo interesante es que parece que estamos invirtiendo papeles. En la medida en que yo estoy cada vez más feliz, el príncipe parece más melancólico. Supongo que ambos tenemos ambas características".

"Sí, esa es una observación excelente", dijo el Hada sin comentarios adicionales.

"Necesito tiempo para captar toda esta información en mi interior", dijo Cenicienta, "pero me gusta la idea de concentrarme más en mi misma y no concentrarme constantemente en mi pareja. Después de todo, mi tarea es comprenderme".

"Sí", dijo el Hada Madrina con obvio placer. "La concentración está en ti, no en el príncipe".

"¿Qué preguntas quieres que conteste hoy en mi diario?" preguntó Cenicienta.

"Quiero que explores, por escrito, los conceptos del espejo y la polaridad, y que los apliques a ti misma y a tu relación", respondió el Hada Madrina, sacando una hoja de papel. "Toma esta hoja, te ayudará a empezar".

Cenicienta aceptó la lista y de inmediato leyó rápidamente las preguntas. Cuando levantó la vista, su protectora había desaparecido.

1. Escribe una carta a alguien que hayas herido en el pasado (pero no se la mandes).
2. Notando lo que admiras y lo que te desagrada de tu pareja, escribe sobre tu aspecto inconsciente o cubierto de sombras. Utiliza el concepto del espejo.
3. Haz una lista de polaridades que tú y tu pareja manifiestan en su relación; por ejemplo, entusiasmo y depresión. Explora, por escrito, las polaridades que te molestan, y describe lo que logres comprender al hacer esto.

Puntos de reflexión del Capítulo 7

1. Cuando te enfrentes a un desafío en una relación, contempla el panorama general para encontrar las lecciones de la vida que te ayudarán a agilizar el proceso de cambio.
2. Es saludable dejar que el dolor emocional se manifieste; además ayuda a sanar.
3. Aprende sobre ti misma examinando las proyecciones que has puesto en otros y que se han reflejado hacia ti como en un espejo.

   En ocasiones las proyecciones son imágenes de tu manera de comportarte, de tus características, de tus pautas de conducta o de tus creencias, que se reflejan como en un espejo, y en ocasiones toman la forma de polaridades que reflejan exactamente lo contrario. También podría haber polaridades en tu interior. Al equilibrarlas e integrarlas acelerarás tu camino a la plenitud.
4. Entender el concepto del espejo puede ayudarte a sanar e integrar las experiencias de tu primera infancia, y no proyectarlas hacia tu pareja.

   Las polaridades que hay en la relación ayudan a definir las áreas donde se necesita comprensión de nosotros mismos y crecimiento. Tu pareja refleja tus puntos ciegos. En lugar de desear que tu pareja fuera diferente, vuelve a dirigir tu energía en tu beneficio. Reconoce como tuyos los aspectos que hayas proyectado.

5. Cuando reacciones en forma negativa a tu pareja, examínate en relación a lo que te hizo reaccionar.

   Identifica qué necesita sanarse en ti, en relación con esa situación. En lugar de seguirte proyectando hacia el exterior, decide que reconocerás como tuyo lo que ves.

6. Cuando reconozcas como tuyo lo que te agrada y lo que te desagrada en tu pareja, desaparecerán las proyecciones.

   Tu pareja ya no tiene que manifestar esas características ante ti. De hecho, eres una persona plena por ti misma, al igual que tu pareja. Ambos merecen conocer a la persona real que está detrás de esas proyecciones. Si entiendes y practicas esto, pero tu pareja sigue proyectando, tu nivel de conciencia te ayudará a comunicarte en forma diferente, y a explicar lo que ves.

7. En una relación saludable, cada miembro de la pareja debe manifestar su verdadero ser.

   Se construye un puente de comprensión de alma a alma, lo que lleva a la pareja más allá de los dramas y de los patrones negativos de conducta. Ambos se responsabilizan de sanar lo que les corresponde de la danza.

8. El escribir cartas (pero no mandarlas) a las personas que hemos lastimado en el pasado, ayuda al proceso para sanar.

Preguntas para el diario

Para lograr una mayor introspección, contesta las preguntas sobre los espejos y las polaridades que el Hada le dio a Cenicienta.

Capítulo 8

Cenicienta expresa mucho dolor

"Buenos días, Madrina", dijo Cenicienta detrás de las puertas de cristal abiertas que estaban entre su sala privada y la alcoba del jardín. "En un momento estoy contigo".

El Hada Madrina ya estaba esperando junto a la mesa de la alcoba, "¿No es un día glorioso?", comentó extendiendo los brazos como para abrazar al sol de la mañana. Un momento después Cenicienta se reunió con ella. Al abrazarse, escucharon a un coro de aves cantar en el huerto cercano.

Cenicienta y su Madrina se habían estado reuniendo durante aproximadamente un mes, pero este encuentro estaba destinado a ser un poco diferente. Al haber estado leyendo y escribiendo en su diario, la princesa había llegado a niveles de conciencia más profundos. Muchos eran demasiado dolorosos para enfrentarlos sola.

"Tal vez el día sea glorioso, pero yo no me siento así" suspiró Cenicienta dejándose caer en una silla. "El príncipe me está rechazando de nuevo. Cuando me acerco a él, se pone tenso, y sé que no quiere que lo toque. ¡Ciertamente él no me toca a mi! La distancia emocional que hay entre nosotros parece haber aumentado a partir del momento en que empecé a hablar contigo. Tengo tantos deseos de tener una relación cálida y amorosa con él, como la que teníamos al principio.

"Quiero empezar a relacionarme al nivel del alma y no sé cómo hacerlo. Cuando trato de hablar de mis sentimientos, él me escucha por un minuto y luego me interrumpe con una pregunta tonta e irrelevante como: '¿Qué ropa se van a poner los niños para el torneo del próximo sábado?' Me mira insensible sin responder... o me mira sin verme, soñando despierto. Cuanto menos responde, más trato de llegar a él. Invariablemente empiezo a llorar; el se queja diciendo: 'Otra vez lo mismo'."

Cenicienta continuó: "Parece que cuanto más trato de expresar lo que siento, más intensa me vuelvo y el se retira más. No me sirve de nada quedarme en silencio. De todos modos me evita. Me siento tan vacía y tan necesitada de amor. ¿Cómo es posible que me esté sucediendo esto? Temo que él ya no quiera estar conmigo", los suspiros de Cenicienta se fueron transformando en sollozos. El Hada Madrina se quedó sentada en silencio, pasándole una cantidad interminable de pañuelos.

"Anoche en la cama, no me tocó ni una sola vez", murmuró Cenicienta cubriendo su rostro con un pañuelo húmedo. "Por lo general, al menos me abraza un poquito".

Con esta última revelación, el llanto de Cenicienta se volvió una agonía. Su cuerpo se sacudía como si tuviera que liberar más dolor que lágrimas. Sus hombros y sus brazos estaban tensos, su angustia aumentaba con sus lamentos y sollozos. Pobrecita... cualquiera podría pensar que el príncipe había muerto y que por eso ella estaba destrozada.

Todo este proceso de transformación era como una experiencia de muerte. El Hada lo sabía, y había estado esperando que se manifestara. Cuando una persona recibe enseñanzas que le ayudan y le sanan, desea ponerlas en práctica y vivirlas; no desea que sus esfuerzos se frustren a cada paso. Cuando el Hada Madrina le habló a Cenicienta sobre el proceso de curación, sabía que le esperaban grandes retos, como el de hoy. En su sabiduría, el Hada no trató de detener las lágrimas de Cenicienta, sólo fluyó hacia ella energía curativa.

Luego, esas lágrimas y sollozos terminaron tan repentinamente como habían empezado. Cenicienta, que se había recargado en el regazo de su madrina, se enderezó y continuó con su narración en el punto donde la había dejado. "Anoche yo quería hacer el amor pero el príncipe me rechazó. No lo dijo con palabras, simplemente no respondió. Se quedó inmóvil con los ojos cerrados hasta que se quedó dormido. Sabe lo difícil que es para mi pedírselo. Me siento avergonzada y humillada. ¿Qué puedo hacer ahora? ¿Qué me está pasando?" preguntó Cenicienta. "No lo entiendo en absoluto".

El Hada Madrina sólo escuchaba. Consideraba que no sería prudente darle información o tratar de resolver problemas mientras experimentaba emociones tan intensas. Para desarrollar perspicacia se necesita una mente clara. Por el momento, era suficiente escucharla.

El Hada no estaba de acuerdo con todo lo que Cenicienta había dicho. Pero Cenicienta no estaba buscando un acuerdo. Necesitaba llorar, así que el Hada decidió guardar sus interpretaciones para un mejor momento.

Cenicienta empezó a recordar y a describir otras ocasiones en que se le había lesionado emocionalmente a lo largo de su vida. Cada detalle del pasado parecía vívido. Mucho de lo que dijo sobre el príncipe era sorprendente. Algunas cosas eran duras y difíciles de creer. Otras ni siquiera habrían molestado a otras mujeres en las mismas circunstancias.

La seguridad que le daba la presencia del Hada Madrina mantuvo a Cenicienta hablando, y poco a poco se calmó. Una docena de animalitos que se habían acercado durante el llanto de Cenicienta, regresaron a sus tareas, escabulléndose de un lugar a otro mientras Cenicienta y su Madrina los observaban. Era obvio que las ardillas y los conejos percibían el dolor de Cenicienta y querían darle una dosis incondicional de amor. Su efecto fue tan curativo como el de la presencia del Hada.

Finalmente, el Hada Madrina empezó a hablar. "Creo que es mejor que no hablemos hoy de esas ideas. Sólo te liberaste de mucho dolor acumulado. Era importante que lo hicieras. Tu cuerpo ha estado guardando esos sentimientos durante mucho tiempo; en especial sentimientos de abandono por la temprana pérdida de tus padres. Recomiendo que te sientes aquí como de costumbre y escribas durante un rato después de que yo me vaya".

"Por favor, sollozó Cenicienta, "Sólo algunas ideas para reflexionar. Necesito que me guíes y me ayudes a interpretar mis emociones. Estoy bien; sólo estoy cansada... y necesito tu sabiduría".

El Hada deliberó en silencio por unos minutos, evaluando sus opciones. Decidió sembrar una semilla relacionada con la verdadera búsqueda de Cenicienta: la búsqueda espiritual.

El Hada Madrina le explicó que gran parte de los deseos que tenía de estar cerca del príncipe, eran un deseo de Dios, de una conexión con su propia alma y de una reunión con el mundo espiritual, que en ocasiones sentía pero no recordaba.

"Al pasar a través de estas emociones profundas y dolorosas, llegarás a ser capaz de dirigir tus energías en otra forma y de entrar en contacto con tu ser superior; algunas personas lo llaman alma y otras lo llaman el ser *transpersonal*. La primera parte de esta jornada espiritual se relaciona con conocerte y sanar tu conciencia, y ya lo estás haciendo. A la larga, vas a empezar a recordar quién eres en realidad; eso es el resultado de tus experiencias del pasado. Por lo tanto, debes seguirte esforzando por tener una mejor comprensión de los traumas, del pesar no resuelto, de tus relaciones con las personas que se encargaron de ti, y de otros elementos de tu infancia. Seguirás beneficiándote al comprender cómo estas experiencias te afectan en el presente. Las interpretaciones que la niña que llevas dentro hace de esas primeras experiencias puede hacerte sentir como víctima en tu vida adulta", explicó el Hada.

Después de un rápido análisis del estado emocional de Cenicienta, decidió ignorar lo que había dicho antes respecto a no hablar de nada nuevo ese día. "Por ejemplo, cuando el príncipe no te respondió anoche, interpretaste su comportamiento a través del filtro de heridas pasadas, y te sentiste como una víctima. De niña sentiste que tu padre te rechazaba al no pasar mucho tiempo contigo; los mismos sentimientos surgieron ante la falta de interés del príncipe. Tal vez no tenía la intención de lastimarte; tal vez estaba cansado. Incluso pudo sentirse víctima, cuando lo tocaste en un momento en que él necesitaba espacio, o por el hecho de que estés cambiando".

"¿Hablas en serio?", preguntó Cenicienta con incredulidad. "Nunca pensé estar abusando de *él*".

"Bueno, creo que tal vez las palabras 'víctima' y 'abuso' son demasiado duras para esta situación, pero interrumpir a alguien que necesita dormir definitivamente equivale a invadir su intimidad. Con toda seguridad no elegiste el momento adecuado. Cuanto más entiendan el príncipe y tú la manera en que ambos responden entre sí, mejor podrán elegir comportamientos que les ayuden a crecer y a superar el pasado", explicó el Hada.

"¿Como cuáles?", preguntó Cenicienta con interés.

"Bueno, al paso del tiempo tal vez puedas hacer que el príncipe entienda que si te abraza por unos minutos cuando no tiene deseos de hacer el amor, no percibirás su falta de interés como un rechazo", respondió el Hada.

"Tienes razón, eso ayudaría", exclamó Cenicienta. "¿Crees que debo decírselo? Hay tantas cosas de las que no hablamos que..."

"Espera un momento, no he terminado", advirtió el Hada. "Otra solución es que cambies tu interpretación de su frialdad. No tomes todo a un nivel tan personal. En lugar de ver su falta de interés como un rechazo, aprende a verlo como un reflejo de su estado de ánimo en ese momento, y recuerda que es posible que mañana se sienta diferente".

"No va a ser tan fácil, pero comprendo lo que quieres decir".

"Quiero regresar por un momento a tu comentario de que hay muchos temas sobre los que tú y el príncipe no hablan. Cuando involucremos al príncipe en el trabajo de sanar internamente, esta situación cambiará y ambos podrán decir quién tiene las necesidades más urgentes en su niño interno. Si en una noche en particular, ves que la necesidad que el príncipe tiene de espacio es mayor que tu necesidad de cercanía, entonces, en ese momento, responder a su necesidad será mejor para la relación. Por otra parte, si tu necesidad de hablar sobre tus sentimientos es mayor que su necesidad de estar solo, lo mejor será responder a tu necesidad".

Cenicienta miró fijamente la mesa durante largo rato, mientras se le llenaban los ojos de lágrimas. "Se necesitan dos personas muy sensibles y maduras para tomar este tipo de decisiones. No creo que tengamos esas cualidades".

"Tienes razón," dijo el Hada Madrina. "Se necesitan *dos* personas para crear una buena relación. Si sólo una hace el trabajo, el camino es difícil y muy lento. Una persona puede ser el catalizador que trae nueva información a la relación, pero a la larga, ambos deben responsabilizarse".

"No sé qué hacer después", se quejó Cenicienta. "Estoy atorada".

El Hada pensó por un minuto. "Creo que este es un buen momento para que le escribas una carta al príncipe, y creo que necesitas dársela. Expresa tus preocupaciones, tus intenciones, y sé específica respecto a la clase de relación que quieres tener".

"¿Cómo puedo hacer eso si ni siquiera me conozco?" exigió Cenicienta. "¿Qué pasa si me expreso en forma deficiente, si no encuentro las palabras adecuadas?"

"No tienes que escribir una carta perfecta. Lo importante es que trates de comunicarte con tu esposo. Déjame darte un consejo; habla sobre tus experiencias, sobre lo que crees, sientes y necesitas. La mejor manera de hacerlo es con mensajes centrados en 'yo' en lugar de mensajes centrados en 'tú'. Por ejemplo, es mejor decir: 'Me siento mal', que 'Haces que me sienta mal'. Así no parecerá que estás sermoneando a la persona o criticándola".

"Sí, los mensajes que se centran en 'yo' son más positivos. Estoy dispuesta a escribir la carta, pero me siento algo escéptica. Tienes razón al decir que el asimilar todo este nivel de conciencia requiere tiempo. Apenas si puedo entenderme en este momento, mucho menos explicar al príncipe lo que siento", admitió Cenicienta.

"No dudo que escribirás una carta que sirva a tus propósitos. De hecho, el hacerlo te ayudará a clarificar tus pensamientos, sentimientos y necesidades. Sé que puedes hacerlo", dijo el Hada animándola.

"Gracias. Te agradezco mucho que estés aquí para apoyarme hasta que me sienta segura al comunicarme por mi misma", dijo Cenicienta.

"¿Te gustaría una meditación que te ayude a construir un puente de comunicación con tu esposo, en otras palabras, para preparar el escenario?"

"Por supuesto", respondió Cenicienta.

"Usando tu poder para visualizar, puedes dirigir energía a la creación de una nueva relación al nivel del alma, el tipo de relación que hemos estado describiendo. Recuerda que aunque puedes formar este vínculo en espíritu, no se manifestará en su plenitud a nivel concreto a menos que el príncipe tenga el mismo compromiso con ese vínculo. Cuando hay dos personas, deben crear la realidad entre las dos. Obligar al otro a hacer algo es un mal uso del poder, incluso cuando definitivamente es para su mayor bien. El libre albedrío y la libertad de elección siempre deben respetarse", explicó el Hada Madrina.

"¿Entonces por qué hacemos esto?", preguntó Cenicienta.

"Porque al visualizar, de hecho *ves* el sendero de altura que es *tu* meta, y el ver la imagen facilita el proceso. A la larga, podrás crear este tipo de relación por ti misma, aunque el príncipe no pueda o no quiera unirse a ti en esta tarea. Cuando lo haga, si es que lo hace, el proceso funcionará a mucha mayor velocidad porque estará precedido por mucho trabajo interno de tu parte. Y si él *nunca* se acerca, a la larga crearás la relación con alguien que sea más apropiado para ti".

"No quiero pensar en eso. Sólo quiero estar con mi esposo", objetó Cenicienta.

"Lo sé, y no vamos a improvisar futuros posibles a menos que uno de esos futuros caiga en tu regazo. En este momento, permíteme guiarte en esta meditación".

"Muy bien, me parece justo".

Buscaron un rincón escondido en el jardín y el Hada Madrina empezó a hablar lentamente y en voz baja. "Cierra los ojos y respira profundamente varias veces... Al inhalar, llénate de amor, de paz y de calma... Al exhalar, deja salir la tensión, el miedo y la tirantez... Ve a tu lugar de paz. Puede ser un lugar que imaginas o uno que realmente hayas visitado. Si no eres una persona visual, trata de experimentar sentimientos y sensaciones... Siente que una luz blanca y dorada brilla en la parte superior de tu cabeza y te llena de energía curativa. El exceso fluye por tus manos y pies y entra a la tierra, donde se usará como el planeta lo juzgue adecuado... Ahora, invita al príncipe a tu lugar de paz... Velo radiante... También está lleno de esta luz blanca y dorada... Imagina un puente entre los dos. Se acercan uno al otro desde los extremos opuestos del puente... sus rostros brillan de amor... Empieza a hablar con el príncipe. Dile cuánto lo quieres. Descríbele la relación que deseas crear. Sé específica... Escucha lo que él tenga que decir".

El Hada hizo una pausa y luego continuó.

"Ahora, ha llegado el momento de dejar ir al príncipe y regresar al jardín. Visualiza cómo tú y el príncipe se besan y se abrazan, y luego regresan a sus extremos del puente. Regresa a tu lugar de paz sintiéndote descansada. Toma conciencia de tu cuerpo. Ahora regresa tu conciencia al jardín, abre lentamente los ojos y empieza a moverte y a estirarte".

Cenicienta se quedó inmóvil unos minutos. Frotándose los ojos, dijo con tranquilidad: "Fue maravilloso. Me siento mucho mejor".

"Creo que hemos hecho suficiente por hoy. Sólo quédate tranquila en el jardín", sugirió el Hada.

"Es el momento perfecto para dejar que tu inconsciente haga surgir cualquier asunto que te impida construir una buena relación con tu esposo. Como sabes, en ocasiones se presentan obstáculos a causa de sucesos del pasado o de relaciones que al parecer no tienen nada qué ver con la situación actual. Sólo ábrete por unos minutos mientras estás sola en el jardín".

Cuando estuvo segura de que Cenicienta había entendido sus instrucciones, el Hada Madrina se despidió y desapareció.

Cenicienta se sentó ahí durante largo rato. En la quietud, una vocecita interna le pidió que expresara sus sentimientos en cartas dirigidas a su madrastra y a sus hermanastras... cargas que se quedarían en su diario y le ayudarían a sanar. Cenicienta pudo ver que para crear la mejor relación con el príncipe, necesitaba enfrentarse a algunas de las heridas que había recibido de estas tres mujeres. Hacer las paces con ellas era muy importante para sanar. Para sorpresa de Cenicienta, pudo escribir exactamente lo que pensaba y lo que sentía. El proceso de escribir liberó mucho dolor.

Entonces, Cenicienta empezó su carta al príncipe; una carta que sí le entregaría.

Mi amado Esposo:

Es mucho lo que te quiero decir, pero últimamente no sé cómo hablarte. He sufrido mucho sin darme cuenta. Al parecer hay momentos en que no quieres estar cerca de mí, y esto ha hecho que mi mente cree una gran cantidad de imágenes llenas de tristeza. En realidad ya no sé lo que es verdad. Me siento rechazada y deprimida. Por un tiempo pensé que me rechazabas porque no quería competir contigo en los torneos. Luego pensé que podrías estar reaccionando a mi mal estado de ánimo. Pero en estos últimos días, ha habido momentos en que me he sentido muy triste, y al parecer esto también te aleja.

Ya no me siento cerca de ti, al parecer no puedo hablar contigo, y lo extraño. Ha pasado tanto en mi interior últimamente que me encantaría compartirlo contigo. Sé que me disperso cuando hablo. A menudo me has dicho que nunca me defino. Pero en realidad he comprendido mucho respecto a mi misma, respecto a ti y respecto a nuestra relación. Por ejemplo, me he dado cuenta de que muchas de mis expectativas sobre nuestra relación han sido idealistas. Ha llegado el momento de ser realista.

Estoy llorando al escribir esto. Tal vez necesite escribirte más seguido. Si pudieras leer mis ideas en el papel, no te sentirías incómodo e irritado cuando no puedo decir nada en cuanto empiezo a llorar.

Te quiero mucho. Lo que más quiero es pasar algo de tiempo contigo. ¿Podemos vernos en el jardín esta noche, cuando los niños ya se hayan acostado?

Te quiere,

Cenicienta

Puntos de reflexión para el Capítulo 8

1. El poner en práctica nuevas ideas se requiere tiempo.

   Comportarte de acuerdo a los conceptos que has aprendido y aceptado a nivel intelectual puede ser un proceso lento y frustrante. Confía en que estás progresando a tu propio paso, que para ti es perfecto. Usa libros de autoayuda y meditaciones guiadas que te ayudarán a comprender y a sanar.

2. Permitir que salgan a la superficie los sentimientos dolorosos es parte importante de la curación.

   La palabra 'colapso' describe este proceso. Las pautas, los comportamientos y las creencias del pasado se están 'colapsando' porque ya no son funcionales. El llanto que se siente profundamente y se expresa con sonidos intensos, ayuda a eliminar el dolor del cuerpo.

3. Cuando el dolor que produce el comprender y el cambiar se vuelve demasiado intenso para soportarlo sola, encuentra la manera de estar con una amiga o amigo en quien confíes, con un consejero o con alguien que pueda darte ayuda espiritual.

4. En realidad, la búsqueda de Cenicienta es una búsqueda espiritual.

   El deseo de cercanía y de que tu pareja esté ahí para ti, simbolizan el deseo de estar cerca de Dios o de tu ser más alto. El principio de este viaje espiritual es conocerte a la perfección.

5. El niño interno de cada miembro de la pareja, que lleva en sí muchas lesiones, dramatiza muchos de los conflictos de la pareja.

   Para cambiar este patrón y abrir la comunicación, trata de comunicarte a partir de un estado adulto.

6. El patrón de la víctima y el victimario cambia entre las parejas.

   Cuando no sabes el efecto que causas en tu pareja, puedes actuar hacia él como victimario, sin darte cuenta.

7. Si se te dificulta hablar con tu pareja, escríbele y entrégale una carta que exprese tus sentimientos y necesidades, y que aborda los temas problemáticos de la relación.

   Habla a partir de tu experiencia y manda mensajes centrados en 'yo'.

8. Una persona puede mejorar una relación; pero se necesitan dos para crear una buena relación.

Preguntas para el diario

Escríbele una carta a tu pareja expresando tus pensamientos y sentimientos más profundos.

Capítulo 9

Trabajando juntos

Cuando el Hada Madrina regresó al jardín varios días después, se sorprendió al ver al príncipe sentado junto a Cenicienta frente a la mesa de la alcoba. "¡Vaya, qué sorpresa tan agradable!", dijo sonriendo.

"Le escribí al príncipe una carta después de nuestra última reunión, y me respondió viniendo hoy con nosotros", explicó Cenicienta. "Me dio gusto saber que él también está preocupado por nuestra relación. Hablamos durante un buen rato y me siento mucho mejor".

"¡Qué buena noticia! La mayoría de las situaciones se remedian hablando y escuchando", dijo el Hada. "¿Dónde quieren empezar hoy?"

"Quiero que el príncipe escuche algo de lo que hemos estado hablando respecto a las relaciones y al crecimiento personal. Creo que eso le ayudará a comprenderme mejor. Quisiera que comprendiera la razón de que no nos estemos llevando bien últimamente, la razón de que estemos juntos y la manera de mejorar nuestra comunicación cuando no nos entendemos", dijo Cenicienta con entusiasmo.

El Hada notó de inmediato que el príncipe estaba incómodo y que era necesario incluirlo en la conversación. "Príncipe, dime por qué viniste hoy. ¿Qué esperas de esta reunión?"

"No estoy seguro", respondió el príncipe con cautela. "Me interesa Ceni y nuestra relación, aunque actualmente ella no lo crea, y decidí que sería buena idea venir hoy y observar. Tal vez si observo por un rato empezaré a comprender por qué Ceni está tan emocionada contigo. En realidad no creo que nuestro problema sea muy grande, pero Ceni ha estado actuando de manera tan extraña que estoy confundido. Lo menos que puedo decir es que su intensidad me está abrumando".

"Gracias, es bueno saber lo que piensas", dijo el Hada. "Puedo imaginar que la relación es un reto para ti en este momento. Y es probable que tu conversación con Cenicienta te haya creado una mayor confusión. Ella está aprendiendo conceptos nuevos y todavía no entiende todo lo que hemos hablado. De hecho, apuesto que al tratar de describir estos nuevos conceptos y al no comprenderlos plenamente, ha omitido información vital y no puede defender su posición".

"Sí, eso es lo que debe estar sucediendo", dijo el príncipe. "Cuando le hago preguntas o le pido información, sólo se irrita conmigo y me acusa de no estarla escuchando o de que dudo de su palabra, o empieza a llorar. De modo que me es más fácil evitarla".

"Madrina, por favor explícale algunas de estas ideas para que pueda entenderlas mejor", instó Cenicienta.

El Hada Madrina sonrió pacientemente. "Toda esa información irá surgiendo a su debido tiempo", dijo dulcemente, "si no directamente de mi, en sus conversaciones. En lugar de enseñarle algo al príncipe, prefiero que tú y yo hablemos, Cenicienta. Todas las ideas surgirán en el momento adecuado. Les pido que entiendan que su relación tiene un estado volátil. A menudo sentirán inestabilidad y confusión, de modo que necesitan hablar siempre que sea posible. Pero no lo hagan por la fuerza".

"No estoy segura de que sepamos hablar sin empezar a discutir", suspiró Cenicienta. "Empiezo a hablar y el príncipe simplemente no entiende lo que digo. Si hace una pregunta que no puedo contestar, me frustro y me enojo. Luego dice algo que lastima mis sentimientos... por lo general algo relacionado con los niños. Me da a entender que estoy haciendo algo mal".

"Eso no es cierto, Ceni", interrumpió el príncipe.

"Sí lo es. Anoche, cuando te estaba explicando que necesitaba ser más independiente, me interrumpiste cuando escuchaste a Marco llorar afuera. Dijiste que no lloraría tanto si yo no lo hubiera consentido tanto cuando era más pequeño", dijo Cenicienta.

"Pero eso es porque algún día llegará a ser rey y..."

"De nuevo me estás culpando de que Marco no sea fuerte emocionalmente, como tú", dijo Cenicienta.

El príncipe cerró los ojos y movió la cabeza frustrado. El Hada Madrina esperó pacientemente a que los dos se tranquilizaran, observando cómo Cenicienta trataba de describir sus sentimientos o percepciones y el príncipe la interrumpía poniéndose a la defensiva. Cada uno expresaba una interpretación diferente de casi todas las situaciones y reaccionaba emocionalmente, y ambos hablaban al mismo tiempo.

"¡Alto!" dijo finalmente el Hada Madrina. "Ambos están en lo correcto desde su punto de vista, pero estar en lo correcto no ayuda mucho a una relación. De ahora en adelante, les voy a pedir que se adhieran a ciertas reglas de comunicación. Me gustaría que siguieran las mismas reglas cuando yo no esté presente. Les ayudarán a empezar a resolver sus diferencias".

Entregó a cada uno una copia de las siguientes reglas y les sugirió que se turnaran para leerlas en voz alta.

Cómo abrir la comunicación:

Pautas para resolver conflictos y luchar con justicia

1. **Limítate al tema en cuestión.** Habla de un tema a la vez. No confundas temas. Si tu pareja trata de cambiar el tema, simplemente dile: "Eso es importante, pero terminemos este tema primero". Terminar una conversación produce sentimientos de satisfacción y de haber terminado algo.
2. **Maneja los sentimientos.** Si tu pareja está emocional, espera a que exprese sus sentimientos. La comunicación eficaz llega al fondo de problemas que parecen insignificantes o absurdos en la superficie. Si tu pareja se pone demasiado emocional, reconoce que sus acciones son la clave de que algo está ocurriendo bajo la superficie. Ayúdale con preguntas como "¿Qué sientes?" Si no puede identificar lo que siente, ofrécele ayuda. El enojo, por ejemplo, indica la presencia de otra emoción primaria, como la vergüenza, el desconcierto, el miedo, el rechazo, el abandono o el sentimiento de que "se están aprovechando de uno".
3. **Túrnate para escuchar y expresarte.** La buena comunicación requiere que las personas se ex-

presen con honestidad y precisión y que pongan atención a lo que dice el otro. Ambos deben asumir estos papeles en momentos diferentes.

4. **Quédate en el presente.** Expresa lo que estás pensando y sintiendo en el momento, incluso si el suceso del que estás hablando ocurrió en el pasado u ocurrirá en el futuro.

5. **Habla a partir de tu propia experiencia.** No existen dos personas que experimenten un incidente en la misma forma. No esperes que tu pareja sepa lo que piensas y sientes. Eres un ser único. Tienes tu propia historia, tus propios condicionamientos, percepciones y creencias. Toma responsabilidad de tu vida utilizando declaraciones como "Creo...", "Desde mi punto de vista...", "Siento...", "En mi opinión...", "Experimento...", "Me doy cuenta..."

6. **Escucha en forma enfática y activa.** Escucha entre líneas y busca el significado de las palabras que se dicen. Cuando tu pareja esté hablando, muestra respeto y cuidado haciendo contacto visual, poniéndote frente a él, asintiendo o diciendo frases como: "Sí, te entiendo", "Háblame más de eso", o "No entiendo". Usa un tono de voz que refleje una actitud de apoyo. No interrumpas.

7. **Ataca al problema, no a la persona.** Evita comentarios personales hirientes, críticas e

insultos. No es necesario que estés de acuerdo con todo lo que dice tu pareja, pero sí es necesario escuchar todos los aspectos de una situación. Respeta siempre a tu pareja, aunque no te agrade lo que diga o haga.

8. **Encuentra soluciones que favorezcan a ambos.** Después de que ambos hayan hablado a fondo sobre el asunto, dedica el tiempo necesario para encontrar soluciones creativas con las que ambos estén de acuerdo. En ocasiones es necesario ceder en algo. Respeta a tu pareja y no trates de dominar en el proceso de encontrar soluciones.

"Caray", suspiró el príncipe, poniendo la lista sobre la mesa. "Va a ser difícil recordar todo esto. No me malinterpretes, creo que las reglas son excelentes. Pero la idea de tener que poner cada pensamiento dentro del marco de estas pautas me parece bastante limitante".

"Tal vez sea difícil seguirlas al principio", reconoció el Hada, "pero puedo prometerles que son menos molestas que la actitud defensiva y el enojo que genera la mala comunicación. Les ayudarán a escuchar sin reaccionar, a escuchar las ideas del otro en una atmósfera de respeto mutuo. Las confrontaciones son buenas, si aprendemos a luchar con equidad; pero cuando sólo escuchas parte de lo que la otra persona dice, tus emociones se disparan por asuntos incompletos del pasado y nada se resuelve.

Así como aprendes a controlar cada movimiento en una justa, según las reglas de los torneos, te acostumbrarás a estas reglas con la práctica. Tal vez se lleve algo de tiempo, pero vale la pena y a la larga te serán de gran utilidad".

"Creo que deberíamos intentar seguir esas reglas", dijo Cenicienta con entusiasmo, tocando al príncipe en el brazo. "Seguramente nos van a ayudar".

"Muy bien. Haré mi mejor esfuerzo, pero es posible que a veces tengas que recordármelo".

El príncipe se volvió al Hada Madrina. "Hace un momento mencionaste que los sentimientos pueden dispararse a causa de asuntos incompletos del pasado. ¿Qué tipo de 'asuntos incompletos'?" preguntó.

Cenicienta se quedó en silencio mientras el Hada y el príncipe hablaban de la manera en que el pasado afecta al presente. El Hada le explicó muchas ideas que Cenicienta ya había escuchado. Por ejemplo, de la necesidad de actualizar las percepciones e identificar las creencias que nos guían. Y le explicó que cuando un miembro de la pareja tiene una reacción exageradamente emocional, por lo general significa que las experiencias del pasado se están colando a la respuesta del presente y la están afectando.

"Lo que ocurre en el momento presente te recuerda, a nivel inconsciente, otra experiencia negativa del pasado y los sentimientos relacionados con ella. Así que reaccionas a la defensiva y en forma automática a la nueva situación. Puedes reaccionar con la antigua respuesta de 'luchar o huir' típica del estrés, en la que las sustancias químicas del cerebro entran a la corriente sanguínea proporcionando gran cantidad de energía. La energía es tan intensa que reaccionas excesivamente a la situación. Cuanto mayor sea la reacción, mayor es la necesidad de identificar las experiencias del pasado que se están colando al presente. Sólo comprendiéndolas puedes transformar la situación", explicó el Hada.

Los tres hablaron largamente sobre muchos temas... sobre la forma en que la familia de origen afecta nuestras relaciones presentes, y también sobre las etapas por las que pasa una pareja en una relación.

"Parte de esto ya está empezando a tener sentido para mi", dijo el príncipe cuando hubo una pausa en la conversación. "No estoy seguro de estar de acuerdo con todo; no sé lo que debo hacer con esta información, pero definitivamente entiendo la trayectoria de Ceni. Estoy más dispuesto a usar estas ideas, incluso las pautas sobre comunicación, para mejorar nuestra relación".

"Es un alivio", suspiró Cenicienta.

"¿Lo ves?" sonrió el Hada Madrina, poniéndose de pie. "La comprensión, aunque no haya acuerdo, construye confianza y apertura". Miró al cielo del atardecer que estaba empezando a nublarse. "Ya es tarde y debo irme. Tengan a la mano los consejos sobre comunicación y avísenme cómo van", dijo al desaparecer.

Puntos de reflexión para el Capítulo 9

1. Cuando un miembro de la pareja recibe información sobre el tema de las relaciones y el crecimiento personal, pero la otra hace poco o nada, el efecto, por lo general, es un desequilibrio.

   La persona que consigue la información tiende a volverse un poco insistente, lo que causa que su pareja se sienta amenazada, confundida o atemorizada. A menudo, la respuesta de la pareja es alejarse y evitar hablar. Todo esto es comportamiento normal.

2. Cada persona capta y asimila la nueva información a diferente velocidad.

   Los factores que influyen en la velocidad de asimilación incluyen el interés de la persona, su experiencia y su capacidad. Por lo general los miembros de la pareja no son iguales en estas áreas. Comprender la velocidad de cada uno es de gran ayuda.

3. Los asuntos sin terminar del pasado con frecuencia causan reacciones emocionales mucho más intensas que lo que exige la situación actual.

4. Tienes toda la razón desde tu punto de vista, al igual que tu pareja.

Sin embargo, tener razón no resuelve los problemas de la relación.

5. Siempre que sea posible, es bueno juntar a los miembros de la pareja para recibir asesoría matrimonial.

   El proceso de la asesoría crea experiencias comunes y un campo común donde se puede hablar de los problemas y compartir la responsabilidad de crear una relación mejor.

6. Es bueno tener enfrentamientos si se establecen reglas al respecto.

7. Es posible aprender y practicar técnicas de comunicación específicas y tangibles.

   Comprender y escuchar el punto de vista de la pareja produce confianza y comprensión. La meta no es llegar a un acuerdo.

Notas para el diario

Durante tus actividades del día, recuerda las pautas de comunicación que el Hada Madrina le dio a Cenicienta y al príncipe. Trata de ponerlas en práctica. Si tu pareja lo desea, compártelas con él y observa los resultados. Si no lo desea, tendrás que avanzar con más lentitud. En todo caso, recuerda anotar lo que vayas comprendiendo y procesa tus sentimientos en tu diario. Esto te ayudará a clarificar tus pensamientos y a comunicarte con más claridad y facilidad.

Este es el momento de terminar con el relato sobre Cenicienta y el Príncipe Encantado. En vista de que la vida es impredecible cuando dos personas crean juntas una relación, el relato tiene dos finales posibles. La mayoría de las personas favorecen un final feliz, en que la pareja permanece unida. Pero no permanecer unidos no necesariamente lleva a un final desdichado en forma automática. Las altas cifras de divorcios en la sociedad occidental indican que muchas parejas se benefician al aprender a finalizar su relación con una actitud positiva para luego pasar a una vida mejor. Ambas conclusiones: seguir juntos o separarse, representan resultados válidos.

Capítulo 10

Primer final: La conclusión

Las lecciones del Hada Madrina continuaron a lo largo de muchos meses. Cenicienta, que se había convertido en una estudiante ávida, se reunía con su querida maestra con frecuencia. Pasaron horas charlando sobre diversas ideas y temas profundos. El príncipe organizó su tiempo para poder acompañar a Cenicienta a estas reuniones una o dos veces al mes. Llegó a disfrutar las visitas del Hada Madrina y tenía un sincero deseo de conocer la manera de mejorar y de trabajar en su relación con Cenicienta.

Cenicienta y el príncipe estaban sentados en silencio frente a la mesa de la alcoba cuando el Hada Madrina apareció en ese cálido día de junio, catorce meses después de su primera visita. Los observó cuidadosamente mientras caminaba hacia la mesa entre filas de artemisas en flor. "Parece que tienen algo que decirme", dijo, mientras sacudía de su falda pétalos color violeta y se sentaba entre ellos.

"Sí", respondió Cenicienta. "Hablamos toda la noche. Aunque este proceso no ha sido fácil, nos ha obligado a analizar la razón de que estemos juntos. Algunas de las razones no son muy sanas. Para mi consternación, hemos tomado una decisión que nunca pensé que tomaríamos. Hemos llegado a la conclusión de que necesitamos separarnos. Siento tristeza y alivio al mismo tiempo, lo que es bastante confuso".

El Hada notó las lágrimas en los cansados ojos de la pareja. "Quiero escuchar más sobre esa decisión", dijo. "pero primero háblenme de su tristeza. Primero tú, Ceni".

"Tengo un dolor interno muy profundo, como si alguien me hubiera arrancado un trozo del estómago. He llorado por horas y estoy exhausta. Aunque estoy segura de que tomamos la decisión correcta, siento que me estoy alejando de mi mejor amigo, de mis raíces, de mi seguridad".

Sofocándose un poco, dijo tartamudeando: "Sé que estamos haciendo lo correcto, pero no puedo creer que terminara así. Pensé que lo único que se necesitaba en nuestra relación era que el príncipe entendiera lo que tú me estabas enseñando sobre las relaciones, sobre llegar a ser mi propia autoridad, construir autoestima y comprender que nuestras familias de origen nos afectan en la vida adulta".

El príncipe interrumpió: "Pero no fue así. Cuanto más descubría yo sobre mi verdadera identidad, más tenía que admitir que este matrimonio no es lo adecuado para mi... tal vez ningún matrimonio lo sea. Me convertí en esposo por las razones equivocadas. Mi familia me estaba presionando a tener un heredero. Casi no se dijo nada sobre compatibilidad, metas, valores y creencias. Ceni y yo estamos madurando y cambiando con tal rapidez que ya tenemos muy poco en común; es tan poco, que la fuerte atracción que experimentamos en un principio ha desaparecido".

Cenicienta continuó: "Yo creía que al conocernos a nosotros mismos, automáticamente encontraríamos razones para permanecer juntos. Es muy triste".

El príncipe puso la mano en el hombro de Cenicienta y esperó pacientemente a que se calmara. Sus ojos eran dulces y mostraban empatía. "Mi deseo de separarme es mayor que el de Ceni. Ella puede sacar provecho de cualquier situación, y podría quedarse en un matrimonio infeliz para siempre. Cuando empezamos con estas sesiones el año pasado, yo no estaba consciente de que en el fondo quería terminar con esta relación. Parece algo frío, pero casi estoy seguro de que preferiría no estar casado. Soy un solitario. Siento que la necesidad de relacionarme constantemente es una imposición que no puedo aceptar con facilidad. Me desagrada tener que admitir estos pensamientos y sentimientos porque no quisiera causarle tanto dolor a Ceni. Sin embargo, eso es lo que siento".

"Admiro tu disposición a hablar con claridad y ser honesto. ¿Hace cuánto lo sabes?", preguntó el Hada.

"Lo sabe desde hace tiempo, tal vez desde hace dos meses", respondió Cenicienta, secándose las lágrimas. "Me lo dijo hace como una semana, después de nuestra última reunión. Al principio, sólo quería estar sola. Por eso no me has visto en el jardín esta semana. Todavía lloro mucho, pero estoy empezando a aceptar la realidad de la situación".

"No te apresures, Cenicienta. Estás en el proceso de duelo. Pasar a través de tu tristeza podría llevar un año o dos, y necesitas mucho apoyo emocional", dijo el Hada con dulzura.

"¿Puedes explicarme lo que significa 'proceso de duelo'?" pidió el príncipe.

Asintiendo, el Hada Madrina continuó: "Sentir pesar por una separación o un divorcio es similar a sentir pesar por la muerte de un ser querido. Al principio estás en estado de shock, sin poder creer lo que está pasando. Dices cosas como: '¿Por qué me pasa esto a mi?' y 'No puede ser cierto', negando la realidad de la situación. En este momento, Ceni está expresando algunos de estos sentimientos. No estoy segura de lo que tú sientes, príncipe".

El Hada continuó con su explicación. "En la mayoría de los casos, el impacto y la incredulidad pronto se convierten en enojo. Quisieras culpar a la otra persona o golpear a alguien. Después, podrías experimentar una leve esperanza y tratar de llegar a un acuerdo con la pareja o con Dios prometiendo que vas a actuar en forma diferente con tal de salvar el matrimonio. Cuando te das cuenta de que no puedes controlar la situación, es probable que te sientas frustrada, lo que podría llevar a que te aísles. A esto normalmente sigue la depresión, que es una reacción normal. A la larga aceptas la realidad de la situación, aceptando la muerte del matrimonio. La mayoría de las personas pasar por estas etapas una y otra vez, experimentando un tumulto de emociones durante mucho tiempo... mucho después de haber entendido y aceptado la situación. Los cumpleaños, las festividades y los aniversarios tienden a generar el pesar por la pérdida".

"Debo estar en estado de shock", dijo el príncipe, "porque estoy insensible. Aunque soy el que desea la separación, el hecho es que la realidad no deja de ser aterradora. No lo planeé así".

"Lo entiendo", dijo el Hada. "También la persona que pide la separación o el divorcio pasa a través de este proceso de duelo".

Los tres permanecieron en silencio algunos minutos, finalmente el Hada rompió el silencio. "¿Han discutido los detalles?" preguntó.

"Algunos", respondió el príncipe. "Tal vez Ceni se mude a la ciudad. Los niños estarán con ella la mayor parte del tiempo porque están acostumbrados a ella y porque adora su papel de madre. Yo la voy a mantener hasta que decida volver a casarse".

"Si alguna vez lo decido", interrumpió Cenicienta con un dejo de enojo.

Algo enfadado continuó: "Marco viajará de la ciudad al castillo con bastante frecuencia para que se siga preparando para el día en que asuma el trono. Mis tutores y mentores ya están trabajando con él. Siempre tendré tiempo para Marco y Mandy. Cenicienta y yo estamos de acuerdo en que nos necesitan a ambos".

"Lo más difícil será decirle esto a la gente", dijo Cenicienta preocupada. "Hemos tenido una vida tan hermosa, que todos suponen que somos felices. Me aterra enfrentarme a mis hermanastras. Siento que he fracasado".

"Existe otra manera de ver un divorcio", respondió el Hada animándola. Explicó sus puntos de vista sobre los errores y fracasos. "Es posible ver el divorcio como una experiencia creativa de elecciones conscientes. En lugar de considerar que el matrimonio fue un error, considera que fue la mejor opción posible en ese momento, tomando en cuenta el conocimiento que ambos tenían sobre sí mismos. El hecho de que harían algo diferente si regresaran a ese momento del pasado con el conocimiento de sí mismos que tienen ahora, no significa que hayan hecho una mala elección entonces. Hace diez años no se conocían muy bien, ni conocían bien sus preferencias. Recuerden que la vida es un proceso creativo. Vean todo lo que han experimentado y aprendido de su unión y prometan seguir adelante a partir de hoy considerando sus elecciones con cuidado. Dediquen mucho tiempo cuando tengan que tomar decisiones importantes, como escoger al compañero de su vida. Escuchen a su intuición y a su ser interno".

Cenicienta sonrió con tristeza. "La próxima vez ciertamente te pediré consejo".

"Espero que para entonces te conozcas tan bien que no me necesites y puedas actuar guiándote por tu percepción interior. Claro que siempre estaré dispuesta a hablar contigo", le aseguró el Hada con cariño.

"Gracias", dijo Cenicienta.

"Creo que sería buena idea seguir con estas reuniones un poco más", insistió el Hada. "Tal vez ambos necesiten la ayuda de una persona ajena con un punto de vista objetivo cuando tengan que enfrentarse a asuntos emocionales en el futuro".

"Me parece bien", dijo el príncipe.

"A mi también", dijo Cenicienta.

Siguieron charlando hasta bien entrada la tarde. Hablaron de la forma de comunicar esta decisión a Marco y a Mandy, y de cómo hacer que la transición fuera más fácil para ellos. El Hada Madrina creó un lugar seguro para que Cenicienta y el príncipe compartieran sus sentimientos más profundos con honestidad y apertura. Hablaron de los buenos tiempos y expresaron su agradecimiento por los muchos dones, lecciones y experiencias que habían compartido. Y prometieron tener la madurez suficiente para trabajar en equipo como padres. Cuando terminó la sesión, un aura de paz y plenitud llenó el jardín.

Puntos de reflexión para el Capítulo 10

1. Las parejas necesitan saber por qué están juntas.

   Los intereses, las metas y los propósitos que se comparten son necesarios para mantener una sociedad. Las relaciones se crean en forma cooperativa. Una tarea benéfica para las parejas es hablar periódicamente de lo que tienen en común y de el rumbo que siguen. Verificar la realidad de vez en cuando evita las sorpresas y las falsas ilusiones.

2. Las parejas pueden beneficiarse al reunirse con un terapeuta, consejero o maestro que les ayude a crecer en lo individual y como pareja.

   Una persona con un marco de referencia profesional y objetivo puede guiar a los miembros de la pareja a llegar a niveles más altos de conciencia y a ver nuevas posibilidades. Sin embargo, la asesoría y la buena comunicación no garantizan que un matrimonio permanezca unido.

3. La asesoría matrimonial para ambos miembros de la pareja abre la comunicación y ayuda a las parejas a encontrar soluciones a sus problemas.

Si una pareja decide separarse, recibir asesoría para el divorcio podría facilitar la transición.

4. Un divorcio es como una muerte, produce un proceso de duelo similar.
5. El divorcio no equivale al fracaso, puede usarse como una experiencia creativa.
6. Un buen divorcio se basa en elecciones que se relacionan con los intereses que favorecen a cada miembro de la familia, en especial a los hijos.

Capítulo 11

Segundo final: La transformación mágica

La primera lección que el príncipe recibió en el jardín resultó ser el inicio de una serie de muchas lecciones. Llegó a disfrutar sus reuniones con el Hada Madrina y decidió que quería conocerse mejor y trabajar en su relación con Cenicienta.

Cenicienta y el Príncipe aprendieron que era más fácil navegar entre los altibajos de la vida cotidiana cuando una relación sólida nutre y apoya la jornada individual de cada miembro de la pareja. Aprendieron a comunicarse mejor y a comprender los patrones de conducta que brotaban de sus respectivos pasados y que necesitaban sanar. Cuando uno de ellos tenía un mal día, el otro trataba de apoyarlo recordando las lecciones adecuadas que el Hada Madrina les había dado en el jardín.

Aprendieron a abrirse, a compartir sentimientos y a resolver juntos sus problemas personales, los problemas de la relación y de la familia. Con honestidad y cuidado, se comprometieron en la tarea de construir una relación de cercanía emocional en la que la intimidad creciera día tras día.

Una tarde a finales de octubre, varios años después de su primera reunión con el Hada, el príncipe y Cenicienta hablaron con ella de su relación.

"No es que hagamos todo a la perfección, no es que siempre estemos de acuerdo o que nunca tratemos de controlar al otro", empezó a decir el príncipe. "Pero cuando tenemos problemas, podemos solucionarlos porque ahora nuestra relación tiene un fundamento muy sólido".

"Estoy de acuerdo", dijo Cenicienta. "Lo que tenemos el príncipe y yo es muy diferente a lo que imaginé en nuestras primeras reuniones. Ahora nuestra relación tiene mucha más calma y seguridad. Nos aceptamos y estamos más familiarizados con nuestras distintas personalidades, hábitos y características".

Continuó con confianza: "Ya no me siento desilusionada como antes. Escribo en mi diario casi todos los días y trato de procesar mis sentimientos, porque todavía tengo mucho que sanar. Pasé mucho tiempo con Nancy, mi mejor amiga", sonrió Cenicienta. "Ambas queremos conocer nuestro pasado, entender cómo nos afecta y saber lo que podemos hacer al respecto. Nos apoyamos mutuamente escuchándonos y compartiendo nuestro avance. Nunca nos cansamos de hablar".

"¡Qué alivio!" dijo el príncipe. "Ceni me hace resúmenes de las cosas que aprende y de los libros que lee, pero hay otra persona a quien le puede describir todo en detalle, y aunque no lo crean, yo también he leído varios libros".

"¡Perfecto! Me da mucho gusto", dijo el Hada Madrina. "Recuerdo cuando ni cuenta se daban de que se lastimaban mutuamente. La culpa, la vergüenza y el culparse mutuamente eran los instrumentos que usaban para ejercer control uno sobre otro. Y Ceni quería que la etapa de enamoramiento fuera interminable".

"Sí, fue una gran revelación darme cuenta de que yo no tenía que cambiar al príncipe, que podía amarlo tal como es", comentó Cenicienta.

Él asintió. "No sabes el alivio que eso representa para mí".

"Ambos están realizando un esfuerzo muy eficaz para vivir y relacionarse a partir de un amor incondicional", dijo el Hada. "Están aprendiendo a reconocer cuando su pareja los está controlando o juzgando irreflexivamente".

"Creo que tu evaluación es muy generosa", dijo el príncipe. "Casi siempre lo hacemos bien, pero no es fácil. Tenemos que trabajar en ello constantemente.

Cuando tengo una actitud negativa, sigo pensando que es demasiado difícil y que no vale la pena esforzarse. Cuando me alejo, tal vez transcurran varios días antes de que pasemos juntos un tiempo de calidad, lo que me permite trabajar con mis sentimientos. Siempre agradezco tener a alguien con quien entrar en contacto... alguien que no se dé por vencido".

Cenicienta sonrió y agregó: "Cuando estamos demasiado ocupados para hablar, ya sea a causa del trabajo o de los niños, algo tiene que sacudirnos para que podamos reconocer nuestra conducta enfermiza y regresar a las pautas de comunicación que nos diste. Espero que pronto se vuelvan algo automático en nosotros".

"No te preocupes si no te resulta fácil", dijo el Hada. "Necesitaron años para aprender sus patrones y hábitos de conducta anteriores. Fueron esculpidos en ustedes cuando eran niños, de modo que eran muy profundos. Dense tiempo para hacer los cambios necesarios. Tal vez pasen años antes de que las habilidades de comunicación se vuelvan automáticas, pero no importa. Lo importante es que ambos estén dispuestos a cambiar".

"Al escucharte, dejo de sentirme mal por el hecho de que no siempre pongamos en práctica todo lo que sabemos", sonrió el príncipe. "A veces mi tono de voz o las palabras que utilizo lastiman los sentimientos de Cenicienta, y siento ganas de golpearme.

Luego recuerdo que todavía estoy en el proceso de aprendizaje y de cambio, de modo que ya no me siento mal".

"¡Fantástico! Sigue hablándote con bondad", dijo el Hada cerrando un ojo.

"También han cambiado nuestras actitudes como padres", dijo Cenicienta. "El príncipe y yo recibimos de nuestros padres una educación muy diferente, de modo que con frecuencia tenemos reacciones negativas por utilizar con los niños actitudes que al parecer son incompatibles. Pero casi siempre hablamos después de un desacuerdo y estamos trabajando para llegar a un método más unificado en el trato con nuestros hijos".

"El conocerme más ha afectado todas mis relaciones, incluso las del trabajo", dijo el príncipe.

"¿Cuál ha sido el mayor cambio en su relación a lo largo de los últimos dos años?", preguntó el Hada.

Como pupilos entusiastas, Cenicienta y el príncipe empezaron a hablar a la vez. Luego Cenicienta se detuvo y cedió la palabra al príncipe. Recordó en silencio cómo solía quejarse respecto a la poca disposición que el príncipe tenía para compartir. Ahora que ya estaba dispuesto a hacerlo, ella quería darle esa oportunidad.

"El cambio número uno es Nancy", dijo el príncipe. "Ahora que Ceni comparte con ella tantas cosas, no tengo que ser su principal apoyo, lo que es bueno porque eso no es mi fuerte. Y el hecho de que Ceni esté ocupada con actividades fuera de palacio elimina algo de la presión que antes sentía", explicó.

"Debo admitir que ya no extraño al príncipe tanto como antes", rió Cenicienta.

"¿Qué cambio creen que ha tenido mayor influencia en la relación en los últimos dos años?", preguntó el Hada.

En esta ocasión fue Cenicienta la que respondió. "Diría yo que habernos puesto en contacto con la vida espiritual y haber empezado a trabajar en ella. Tuvimos que correr muchos riesgos personales para superar los papeles tradicionales de cada miembro de la pareja, pero creo que yo no habría podido lograrlo sin tu ayuda, Madrina. Ya no me da miedo desarrollar y compartir mis talentos".

Cenicienta había resuelto el misterio de cómo aportar algo a su relación. Su vida ya no se centraba en su esposo. Había desarrollado intereses propios, y al mismo tiempo disfrutaba de la riqueza del castillo y de la vida con el príncipe.

Cenicienta y el príncipe hablaron más sobre los cambios de los últimos dos años. Después, decidieron continuar con reuniones ocasionales, aunque los cambios estuvieran progresando bien, sólo para asegurarse de seguir avanzando y viviendo en paz. Cuando el Hada Madrina estaba a punto de partir, el príncipe la volvió a llamar.

"Casi olvido decirte", exclamó. "He empezado a reunirme con mi Padrino Mago. Es fantástico escucharlo. Tiene más lecciones para mi que las fórmulas mágicas de un brujo".

El Hada Madrina se rió. "Tomaré nota y verificaré sus credenciales", dijo jugando.

Puntos de reflexión para el Capítulo 11

1. Es mucho más fácil comprometerse con una relación que es creativa y evoluciona continuamente que comprometerse con una relación estática y aburrida.

   Una vez que se enfrentan los problemas de control y de desilusión, es mucho más fácil aceptar las características de la pareja. Darse cuenta de que la relación es una atmósfera rica y creativa donde ambos miembros de la pareja pueden crecer y desarrollarse reemplaza a la desilusión proveniente del hecho de que tu pareja no sea capaz de cambiar o de hacerte feliz.

2. Una buena relación nutre las destrezas que se necesitan para construir y mantener una cercanía emocional y un sistema de apoyo mutuo para enfrentar los altibajos de la vida.

   Una buena relación nunca es perfecta ya que los individuos nunca son perfectos. Evoluciona a medida que ellos evolucionan y requiere de atención continua.

3. Se requiera mucho tiempo para liberarse por completo del comportamiento que tiende a controlar y de la inclinación a juzgar todo irreflexivamente.

4. Algunas necesidades se satisfacen mejor fuera de la relación.

   Por ejemplo, si un miembro de la pareja siente una gran necesidad de explorar su crecimiento personal y su nivel de conciencia, le sería de ayuda platicarlo con un amigo.

5. Es normal sentir que en ocasiones la relación no está funcionando o que causa demasiados problemas. Es necesario respetar esos sentimientos.

   Usa esas experiencias como catalizadores en tu diario, en la terapia que recibas, en los talleres en que participes o al encontrar ideas prácticas en un libro de autoayuda.

6. Cuanto más te conozcas, más mejorarán todas tus relaciones.

   Eres responsable de tu propio crecimiento y nivel de conciencia. Eres la protagonista en el guión de tu vida; también eres el editor, el director y el autor del guión.

Epílogo

Cenicienta aprendió muchas cosas que cambiaron su vida mientras trabajaba con su maestra espiritual, el Hada Madrina. Aprendió que la verdadera felicidad no puede brotar de otra persona. Aunque es muy placentero recibir el amor incondicional de otro, no podemos apoyarnos en él como la fuente principal de nuestra realización.

La felicidad, cuando se experimenta, por lo general es el resultado de una condición o de un suceso; raras veces causa la condición o el suceso. La verdadera felicidad debe venir de la realización personal. La relación de Cenicienta con el príncipe mejoró en la medida en que evolucionó su nivel de conciencia y ella pudo sanar el pasado, amarse a sí misma, comprender y clarificar sus percepciones, aprender técnicas específicas de comunicación y empezar a actualizar su propósito espiritual.

Al sentirse más completa y con más equilibrio, Cenicienta tendía menos a buscar la felicidad fuera de sí misma, ante todo en el príncipe. Empezó el proceso creativo de actualizar su potencial, concentrándose ante todo en el trabajo interno, para más tarde manifestar ese potencial en el mundo exterior. Sintió una urgente necesidad de compartir sus talentos, no sólo la capacidad de preocuparse por los demás, un "talento" que había desarrollado a partir del condicionamiento de sus primeros años cuando tuvo que servir a su madrastra y a sus hermanastras.

Vivir felices para siempre no depende de circunstancias externas, sino de un cambio en nuestros niveles de conciencia; por lo tanto, las historias pueden tener muchos finales. Estoy de acuerdo que muchas personas prefieren el final en que la pareja permanece unida y sigue trabajando en la relación e individualmente. Sin embargo, es imposible predecir el final "correcto" de un trayecto espiritual, ya que el final se va desarrollando a partir del nivel de conciencia de ambos miembros de la pareja.

Cenicienta aprendió a expandir su mundo gracias a la ayuda exterior que la llevó más allá de su propio marco de referencia limitado. Al final del relato, tenía una comprensión más clara del propósito de las relaciones. Cenicienta aprendió que las relaciones hacen surgir los patrones de conducta no resueltos del pasado, que entonces deberán transformarse. Una vez que entendió este proceso, pudo reconocer en qué momento estaba proyectando sus propios problemas hacia su esposo y cuando él proyectaba los suyos hacia ella.

En el segundo final, ambos habían desarrollado la habilidad para reconocer y aliviar sus proyecciones, y la capacidad de responsabilizarse de sus propias acciones, percepciones y respuestas. Aprendieron nuevas destrezas de comunicación que les ayudaron a confrontarse mutuamente y resolver conflictos. Después desarrollaron una relación sólida de amor maduro que se basaba en la confianza, el respeto, la igualdad y la intimidad emocional.

El mejorar continuamente es un componente importante de cualquier relación de amor que crece y es creativa, lo que requiere la dedicación de ambos miembros de la pareja. Aunque Cenicienta eligió dedicar mucho tiempo a sanar internamente y a expandir su nivel de conciencia, también permitió que su esposo avanzara a su propio paso. Encontró realización en el desarrollo de sus talentos y cultivó el deseo de hacer del mundo un mejor lugar. Su autoestima creció en la medida en que ella sanaba, corría riesgos, desarrollaba el amor por sí misma y se ponía en contacto con la Fuente de su ser. Cenicienta aprendió a vivir más allá de la limitante creencia de que la felicidad depende de un Príncipe Encantado. Al superar la fantasía del Príncipe Encantado, Cenicienta aprendió a vivir feliz por siempre.

TÍTULOS DE ESTA COLECCIÓN

Consejos a Cenicienta. *Suzanne E. Harrill*

Cuidándome. *Mary Kay Mueller*

Del Masoquismo Utópico al Masoquismo Científico. *R. Mares*

Desayunos para el Alma. *R. R. Cárdenas*

El Árbol de la Vida. *C. Cicero y Sandra Cicero*

El Arte de la Lucha Espiritual. *Grant Schnarr*

El Viaje Infinito. *C. Schmill S.*

Espigas de Oro. *Dr. Marco A. Garibay*

Guía Espiritual para el Nuevo Milenio. *A. John Bethel*

La Era de Cristal. *Sanamsin Omsandar*

Las Enseñanzas de las Artes Marciales aplicadas al Golf. *Richard Behrens*

Las Mejores Frases Célebres de México y el Mundo. *A. Morales*

¿La Vida es Bella? *Marie-André Linteau*

Más Allá de lo Obvio. *Christine Page*

Un Arte de Vivir. *André Maurois*

Viajando. Donde el Chamanismo y la Psicología se Encuentran. *Jeannette M. Gagan PhD*

Impreso en Offset Libra

Francisco I. Madero 31

San Miguel Iztacalco,

México, D.F.